"我与云大"
——历史与档案学院

董雁伟 胡莹 ◎ 编

云南大学出版社
YUNNAN UNIVERSITY PRESS
·昆明·

图书在版编目（CIP）数据

"我与云大"：历史与档案学院 / 董雁伟，胡莹编
. -- 昆明：云南大学出版社，2023
ISBN 978-7-5482-4919-1

Ⅰ. ①我… Ⅱ. ①董… ②胡… Ⅲ. ①云南大学历史与档案学院－校史 Ⅳ. ①G649.287.41

中国国家版本馆CIP数据核字(2023)第035896号

策划编辑：张丽华
责任编辑：张丽华
封面设计：任 微

"我与云大"
——历史与档案学院

WO YU YUNDA
——LISHI YU DANGAN XUEYUAN

董雁伟　胡　莹◎编

出版发行：	云南大学出版社
印　　装：	昆明理煌印务有限公司
开　　本：	787mm×1092mm 1/16
印　　张：	9.25
字　　数：	150千
版　　次：	2023年3月第1版
印　　次：	2023年3月第1次印刷
书　　号：	ISBN 978-7-5482-4919-1
定　　价：	38.00元

地　　址：昆明市一二一大街182号（云南大学东陆校区英华园内）
邮　　编：650091
发行电话：0871-65033244　65031071
网　　址：http://www.ynup.com
E-mail：market@ynup.com

若发现本书有印装质量问题，请与印厂联系调换，联系电话：0871-64167045。

目 录

第一编　峥嵘岁月：改革发展见证录

我与云大五十年 ………………………………………… 唐　敏 003
云南大学改革开放之杂忆散记 ………………………… 吕昭义 035
筚路蓝缕的十年 ………………………………… 王晓珠　饶金枝 048

第二编　桃李葳蕤：东陆良师回忆录

抚今追昔忆师恩
　　——回忆云大罗秉英和徐西华老师 ………………… 杨纯柱 057
银杏树下好读书
　　——忆罗秉英先生 …………………………………… 苏国有 067
忆朱惠荣先生的治学 …………………………………… 陈庆江 075
难报恩师张鑫昌 ………………………………………… 海类恩 081

第三编　风华正茂：校园生活感怀录

云南大学，我心中的圣地 ……………………………… 李　槐 087

求学于云南大学，效力于云南大学
　　——庆祝云南大学百年华诞杂忆 …………………… 谭茂森 091

忆昔作少年，风华正茂时
　　——云南大学学习生活剪影 …………………………… 周　玲 98

云南大学记趣 ……………………………………………… 黄燕玲 102

坚守平凡　创造非凡 ……………………………………… 王立群 105

乐园　校园　家园
　　——我与云大 ………………………………………… 王红光 109

几重山水初相逢，一瞥，最惊鸿 ………………………… 易爱东 112

东陆园中的青春年华 ……………………………………… 周宇青 115

遇见你，真好！
　　——记忆中的云大 …………………………………… 施国芬 121

难忘95档专韶华时光 ……………………………………… 贾永强 126

母校云大　别来无恙 ……………………………………… 陈　信 131

从东二院到东陆园 ………………………………………… 杨　洁 132

云南大学，梦想开始的地方 ……………………………… 王杰赵 134

不忘师恩 …………………………………………………… 郭胜溶 137

第一编　　峥嵘岁月：

改革发展见证录

我与云大五十年[①]

唐　敏[②]

一、东陆园生活掠影

1962年秋季，我从昆明第一中学高中毕业，考取了云南大学历史系。当我手捧云南大学录取通知书时，心情无比激动。经历了艰辛和苦难的三年高中学习，我终于成为一名大学生，尤其是读了通知书背面的一篇介绍云南大学美丽的校园、厚重的历史和卓越的学术成就的美文后，我对云南大学就更加崇敬和向往了！

云南大学坐落于昆明翠湖之畔的商山之上。开学报到后，负责接待的高年级同学带我到了宿舍，宿舍安排在东陆园内的新四楼（即东方红宿舍，现位于一食堂对面）。安顿好后，这位同学热情地带我在校园里转了一圈，并一一作了介绍。我们走出学生宿舍，对面便是学生食堂，食堂的侧面是一块很大的篮球场，篮球场的南边是一排很壮观的罗马式建筑，那是理科的化学馆、物理馆和生物馆，球场北边是学校的大礼堂和一栋栋独立的平房，这是新中国成立前留下的，已经很陈旧了，沿着大礼堂前的路走过去就是我们上课的教室——四合院（即现在的文渊楼片）。东陆园中最显眼的是理化生物馆前的那条笔直的银杏大道，已是初秋时节，金黄色的叶片零零散散地飘洒在地上。沿着银杏大道往南的缓坡转上去，有图书馆、至公堂、钟楼等建筑；而在道路旁，山坡上种了无数的西府海棠和樱花树，陪伴我的同学说，春天来临的时候，这里便是一片花海。漫步到最高处，便是云南大学最著名的标志性建筑——会泽院，如果你从翠湖旁的

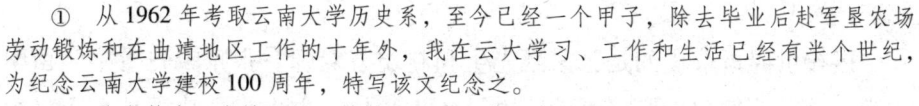

[①]　从1962年考取云南大学历史系，至今已经一个甲子，除去毕业后赴军垦农场劳动锻炼和在曲靖地区工作的十年外，我在云大学习、工作和生活已经有半个世纪，为纪念云南大学建校100周年，特写该文纪念之。

[②]　作者简介：唐敏，男，教授，云南大学历史系原主任。

正大门进校，抬头仰望，你便会看到这是一幢用红砖和石头建造的雄伟壮丽的法式建筑，沿着九十五级台阶登上去，便到了一块平台上，四根粗壮的罗马柱挺立在前，放眼望去，整个翠湖和昆明城尽收眼底。多么美的校园啊，这就是我们即将开始学习和生活的东陆园！

入学以后，正式上课前，我们听了系主任张德光先生和李埏先生的两个报告。张主任的报告较全面地介绍了云大的光辉历史，历史系的师资、专业特长和学术成就等；李埏先生的报告则重点给我们讲了为什么要学习历史和怎样学好历史。听了两位先生的报告，他们语重心长的谆谆教导和殷切希望，使我满心喜悦，好似醍醐灌顶，高考前填报志愿时的迷茫顿时化解了。从此，我便喜爱起历史系和历史专业了。但真正让我真心实意地爱上历史系和历史专业，还是在后来的学习过程中，历史系一位位教师渊博的知识和对教学的敬业精神的感染所致。

为我们授课的教师，每一位都是学识渊博和有学术专长的智者，他们在课堂上生动形象的讲述，为我们展现了一幅幅人类文明和中华民族历史发展的壮阔画面；他们用深邃的思想对历史现象进行透彻分析，引导我们去探寻世界历史和中国历史发展的规律；他们授业解惑，教给我们学习和研究历史的方法……而每一位教师的教学又各有特色，给我们留下了很深的印象。

给我们讲授世界古代史的武希辕先生，就像一位演说家，他授课从不看讲稿，总是来回地走动；每当讲到这节课的重点（高潮）时，他总是把嗓音提到高八度，手舞足蹈，大声地一字一句地表达出来，使你的注意力不得不集中，从而留下深刻印象。教授先秦史和秦汉史的马开樑先生则是另一种风格，他的讲授总是轻声细语，娓娓道来，十分严谨规范，一层一层地为你分析先秦史和秦汉史上各种历史事件产生的原因、特点和影响，同样使你留下深刻印象。马开樑先生为了检查同学们课堂上听讲的情况，有时会在下课前十分钟，从他的大衣口袋中拿出一摞纸来，每人发一张，进行小测验。每当看到马先生来上课时口袋里鼓鼓的，有的同学便倍加小心，认真听讲。

讲授世界近代史的是张家麟先生和赵瑞芳老师。张家麟先生早年留学美国，曾获美国威斯康星大学历史学硕士学位，先生十分热爱社会主义祖国，新中国成立不久，便放弃了在美国继续学习和工作的机会，1951年便返回祖国，一直在云南大学任教。先生的授课表面上听起来似乎很平淡，但内容却很深刻。先生讲课的特点一是不完全照搬教材的体系和论述，有时先生会补充一些西方著作中的史料和论述，以扩展同学们看问题的视野；特点之二是先生善于用历史唯物主义的理论来分析一些重大的历史事件。记得期末考试时先生出了一道大的论述题，即从法国大革命前法国的社会背景分析法国大革命爆发的原因。我根据先生讲课的笔记，用历史唯物主义的观点结合史实，从法国社会的基本矛盾即生产力与生产关系的矛盾、经济基础与上层建筑的矛盾进行分析。考完后我向先生报告我答题的情况，先生表扬我答得很好，结果考试得了高分。张家麟先生最大的专长是对西亚史的研究和对西方历史著作的翻译，先生是云南大学西亚史研究的开拓者，曾翻译出版了《阿富汗史》《林肯传》等西方史学名著，尤其是先生的译著《阿富汗史》，1972年由商务印书馆出版后，受到史学界一致好评，至今仍有出版社再版。而美国著名传记作家卡尔·桑德堡的《林肯传》是桑德堡花了大约三十年时间收集资料而写成的不朽之作，全书共5卷，中文版择其重要内容以一卷本出版，该书由北京和云南两地组织翻译，由云南人民出版社和生活·读书·新知三联书店于1978年以云京的笔名同时出版，先生是全书的最后统稿人，先生对书中涉及的大量史实和典故进行了认真的考证，并以注释的形式呈现于书中，为读者阅读提供了极大的方便，该译著至今仍然是研究美国内战史和林肯的重要资料。讲授世界近代史的赵瑞芳老师，讲课时最大的特点是富于激情，记得讲授巴黎公社一章时，赵老师搜集了巴黎公社革命诗人欧仁·鲍迪埃用满腔热忱写下的《英特纳雄耐尔》以及其他一些歌颂巴黎公社的诗篇，让同学们在课堂上富有感情地朗读，然后赵老师又从理论高度对巴黎公社失败原因进行深入的分析，一堂课下来使同学们对巴黎公社留下深刻的印象。

给我们讲授中国历史文选的是马忠民先生。中国历史文选是一门很重要的专业基础课，对于我们习惯于中学学习方法的一年级新生来说，这门课学起来十分枯燥。马忠民先生总是反复强调学习这门课的重要性。他说，历史研究必须依据史料的收集鉴别和解释才能进行，中国历史文选这门课程就是要教给大家一把钥匙，用这把钥匙去开启学习和研究历史的大门。马先生授课十分认真，最初他对一些史学名篇总是逐段逐句地讲解，尽力地帮助同学们扫除古汉语阅读的难关。随着课程的深入，先生便把讲授的重点放到了解题、校勘、考辨、训诂等文献学的基本方法上，使同学们受到良好的史学基本功的训练，受益匪浅。马忠民先生除了对教学的认真敬业外，给同学们最深的印象是一位平易近人、和蔼可亲的长者。我在后来得知，马先生的表叔是国学大师姜亮夫，马先生自幼就得益于大师的教诲，随后在云大读书和任教时，又得到钱穆、刘文典、方国瑜、白寿彝等先生的指导，学术功底极为深厚。先生一生默默无闻、不追逐名利，潜心研究学问，在文献学和茶史等领域颇有建树，深受师生尊敬。

给我们讲授中国近代史的是李为衡先生，李为衡先生是一位幽默风趣、思想活跃的老教师，他的课同学们都十分喜欢。先生在课堂上很注重启发同学们独立思考，每节课都讲得生动活泼、气氛活跃。有时先生在分析某些历史事件或评价某个历史人物时会穿插几句笑话或者一小段逸闻趣事，以吸引同学们的注意力。记得在评述太平天国后期将领李秀成时，先生绘声绘色地说："李秀成忠王这顶帽子戴得热乎乎的，戚本禹这小子吃饱了撑着没事干，非要把忠王的帽子摘掉！"顿时引得同学们哄堂大笑。李秀成是太平天国后期的重要的领袖和军事统帅，他在一生中为太平天国革命事业做出了重大贡献，新中国成立以来，我国史学界对李秀成尽管有种种评论，但都是持肯定或基本肯定的态度。到了20世纪60年代初期，在康生的支持下，"四人帮"的御用文人戚本禹抛出了《怎样对待李秀成的变节行为——评"李秀成自述"》一文，把李秀成打成叛徒，以便为后来大揪所谓党内的叛徒制造舆论。到了"文化大革命"前，凡是对戚文持异议者，都遭到迫害和打击，完全混淆了学术问题和政治问题的界限。先生给我们讲授中国近代史时，已经是"文化大革命"爆发的前夜，全国掀起了大批判的高潮，政治氛围已经有些紧张，但先生并不惧怕政治压力，始终坚持自己的主张，先生极不赞成戚本禹文章中的观点，并在课堂上一一予以批驳。先生详细地给同学们介绍了李秀成为支撑太平天国革命政权立下的汗马功劳，以及学术界对《李秀成自述》的真伪和李秀成一生功过等问题的讨论情况。先生最后总结说，我们评价一个历史人物，一定要用历史唯物主义的观点进行分析，要把历史人物放到他所处的历史环境中去考察，才能够对历史人物作出实事求是、客观公正的评价。因此，综观李秀成的一生，功绩是主要的，错误是次要的，他不失为太平天国革命一位杰出的农民领袖。听了李为衡先生的讲解，同学们不仅加深了对太平天国的了解，也启发了大家对一些学术问题的思考。

给我们授课的一些青年教师，水平也是很高的。譬如讲授隋唐史的朱惠荣老师，课堂上的讲授十分规范严谨，条理清楚，重点突出，按朱老师的讲授记下的笔记，几乎没有一句多余的废话。除了课堂讲授的严谨外，朱老师还组织一些课外的辅导活动，如参观博物馆的文物、到学校图书馆古典书库、请古典书库的老师介绍历史文献典籍。教授世界现代史的张尚谦老师是从黑龙江大学调来支援云南大学的青年教师，他讲课时常常给同学们介绍一些与教材上论述不一致的学术观点，并发表自己的评论，他外语特别好，懂得英语、俄语两门外语，上课时总是抱一本大部头的苏联科学院主编的俄文版的十卷本《世界通史》，放在讲台上，时不时地从中摘录出一些史料或论述介绍给同学们。谢本书老师则是一位擅长于理论著述和创新的青年教师，在全国高等学校历史系中，他率先为我们班开出了新课"马克思主义经典作家论历史科学"，并编成讲义（油印本）发给同学们，他的这本讲义后来经过不断的修改完善，与山东大学的教师合作，作为教育部指定的全国高校历史系的通用教材"史学概论"正式出版。教授"世界中世纪史"的黎家斌老师，对教学认真负责，课堂讲授严谨规范。黎老师除了上课外，还兼任历史系的行政秘书，并担任我们班的政治辅导员。黎老师当时是系上的年轻教师，比我们大不了几岁，对政治辅导员的工作十分敬业，他经常深入到学生中，了解同学们的学习生活情况，由于班上同学大多来自农村，家庭都比较困难，黎老师总是积极地向系领导和学校反映，尽可能多地为同学们争取到国家发放的助学金。遇到哪位同学家庭发生变故而有思想波动时，他总是耐心地找该同学谈心，做深入细致的思想工作，使该同学安心学习。在与全班同学的相处中，黎老师不断地引导同学们树立远大理想，刻苦学习，打好扎实的基础，争取将来为历史科学做出贡献。

那时给我们授课的各位教师，不仅课堂教学认真，还十分注意课外与学生的交流，每门课除了正式上课外，每周还安排两节课的辅导时间，到时教师都来到教室里，解答同学们的各种问题。对于同学们提出的各种问题，无论是课堂上的还是课外学习中遇到的，每位老师都给予认真的解答。记得我们班景学文同学曾向讲授元明清史的李英华先生询问中国古代四大美女的问题，李英华先生便利用晚自习的辅导课时间，从文献记载、民间传说和文学戏剧等方面做了系统讲解。她说，"沉鱼落雁、闭月羞花"是比喻四大美女容貌的美丽传说。"沉鱼"西施是春秋时越国苎萝人，又称西子，传说其在河边浣纱时，其美貌映在水中，鱼儿看了竟被西施的美貌惊呆了，忘了游水而沉入河底，越王得之献给吴王夫差，后越王灭吴，西施随范蠡而去。此故事散见于《吴越春秋》《越绝书》《吴地记》等文献中。"落雁"王昭君，根据《汉书·元帝纪》《汉书·匈奴传》及《后汉书·南匈奴传》等记载，昭君为西汉元帝宫人，竟宁元年（公元前33年），匈奴呼韩邪单于入朝，帝许予昭君，以结和亲。传说昭君戎服乘马，携琵琶入塞，在北去的路上，昭君拨动琴弦，南飞的大雁听到这哀伤的琴声，又看到昭君的美貌，竟忘了扑动翅膀，跌落在地。呼韩邪死后，又嫁其子，传说死后葬于匈奴，现内蒙古呼和浩特市南有昭君墓，也称青冢。"闭月"貂蝉，貂蝉原为古代王公显官冠上的饰物，是传说中三国时的美女，《三国志·吕布传》仅言吕布与董卓侍女私通，并未记名字。因此，貂蝉是小说《三国演义》塑造的艺术人物形象。传说貂蝉于月下焚香祷告上天，愿为主人王允分忧，空中的月亮因比不过貂蝉的美貌而害羞，藏到了云彩后面。羞花杨贵妃，据新旧唐书的《后妃传》记载，杨贵妃，唐蒲州永乐人，小名玉环，杨立琰之女，晓音律，善歌舞，初为寿王妃，后为女道士，号太真，入宫后得玄宗宠，封为贵妃。传说杨玉环初入宫，因见不到唐玄宗而愁眉不展，一次与宫女一起赏花，无意中碰到含羞草，宫女便说杨玉环的美让花草都自惭形秽。其兄杨国忠为相，败坏朝政。安史之乱，玄宗出逃，杨国忠在马嵬坡被杀，太真被迫缢死。李英华先生最后总结说，从以上文献记载表明，中国古代的四大美女，其中有的是历史上存在的真实人物，有的是民间传说中的虚构，经过历代文人学士不断加工和创造，在传奇话本和文学戏剧中，塑造了四个光彩夺目的艺术形象，而四大美女的传说便成了家喻户晓的动人故事。听了李英华先生的辅导课，同学们大开眼界，不仅被这些艺术形象感染，受到艺术美的熏陶，同时又增长了不少文史知识。

除了通过辅导课为同学们答疑解惑之外，那时同学们与老师的联系十分密切，同学们有什么问题，课后随时都可以到老师家里，向老师请教。马开樑老师还针对我们的实际情况，把班上来自边疆地区的几位少数民族同学定期请到家里，盛情招待大家喝茶、吃糖果，了解同学们的学习情况，解答学习中的问题。

历史系是一个学术名师云集的地方，新中国成立前就曾有不少的学术大师在这里执教。我们进校不久就听说历史系有"三座大山"，即长期从事边疆史地、地方史和民族史研究的方国瑜教授，从法国留学归来长期从事社会学和民族学研究的杨堃教授，以及长期从事民族学和民族史研究的江应樑教授。他们可以称得上是泰斗级的大学者，他们学术造诣很深，在全国享有很高的声誉。其他各个专业方向，也都聚集了一大批学术成就丰硕的教师。正是由于历史系具有如此深厚的学术底蕴，所以，历史系非常重视科学研究。历史系的教师不仅对教学敬业，而且十分重视科学研究，在大学期间我就亲身感受了历史系浓厚的学术氛围。历史系经常举行各类小型的学术研讨会，研讨会的信息往往在系办公室的一块小黑板上发布，而且欢迎同学参加。记得一年级时我参加了杨堃先生为历史系教师和高年级同学作的一个学术报告会，内容是介绍摩尔根的《古代社会》和恩格斯的《家庭、私有制和国家的起源》。摩尔根是美国19世纪著名的考古学家和人类学家，杨堃先生的报告具体介绍了恩格斯是如何根据摩尔根的《古代社会》和其他一些材料探讨了人类古代社会制度的基本历史特征。这是一场高水平的学术报告，可惜那时我还是刚进校的一年级学生，知识的积累还远远不够，一些理论性的问题还听不懂，但至少有一点是认识到了，即恩格斯的《家庭、私有制和国家的起源》是一部很重要的理论著作，它对我们研究人类的原始社会史和上古史具有非常重要的指导作用。二年级时我还参加了中国古代史教研室举行的一次小型学术讨论会，那时李埏先生是中国古代史教研室主任，讨论会在一间教室里举行，参加的人不多，除了中国古代史教研室的全体教师外，还有少数学生参加旁听。记得讨论的题目是"中国古代史的分期问题"，即中国的封建社会起于何时，这是中国古代史研究中长期争论不止的重大问题，当时基本上有三种不同的主张,即"西周封建说""战国封建说"和"魏晋封建说"。记得讨论中李埏先生和大多数老师都主张"西周封建说",而韩及宇先生却与大家的意见不一致,会上还发生了很激烈的争论。历史系像这样的学术报告会和研讨会经常举行,我们班的同学大都踊跃参加,虽然我们还没有能力和胆量与教师展开讨论,但参加这些活动使我们受益匪浅,它大大开阔了我们的视野,启发我们去思考和探索历史问题。

"教育为无产阶级政治服务,教育与生产劳动相结合",这是那个时代党中央提出的教育方针,全国各级各类学校都必须遵循。为了实行与生产劳动相结合,学校每学期都安排一至二周的劳动课,内容很广泛,如在学校环卫工人带领下清理校园内的厕所,到养猪场协助工人师傅养猪,或者到学校农场种地。记得有一次我和几位男同学被分配到了环卫组,在工人师傅梁月卿的带领下,拉着一辆粪车去清理校园内所有厕所的粪池,然后又一车车地运到校外农场的大粪池里。参加环卫组劳动的最大好处,就是每天收工后可以到学校大门旁的教师浴室痛痛快快地洗个澡。同学们最喜欢去的是养猪场,那时学校有两个养猪场,一个在体育场的东南角(现在的东二院附近),一个在苹果园内(现在的北学楼附近)。在养猪场劳动,总会遇到一两次宰杀生猪,这是我们最忙碌的一天,也是最快乐的一天,这是我平生第一次见证并亲自参与了杀猪。在工人师傅的吩咐下,我们把猪按倒,用绳子把猪的四脚捆得紧紧的,大家一齐动手把猪抬到案板上,死死地按住猪的腿,工人师傅用一把尖刀猛插进猪的脖子里,那猪拼命地吼叫挣扎,一会儿就无声无息了。分好的猪肉分别送到学校的各食堂,剩下的猪肝、猪下水等,工人师傅把它们洗净后炒了一大盘猪肝,猪下水则烩成一大锅,于是,一会儿香味飘满了整个猪场。到下班时,工人师傅把我们在猪场劳动的同学留下一同共进晚餐,大家美美地吃了一顿,这对于我们这些馋学生来说是多么爽快啊!

最有趣的要算到龙潭农场的劳动了。20世纪50年代末期,学校为了贯彻党的教育方针,在筇竹寺后山征用一千多亩的荒地(即现在的西山区团结乡境内),建了龙潭农场。二年级有一个学期的劳动课,我们全班同学都被安排到龙潭农场。清晨,大家背上行李,从西站乘车到黑林铺,下车后顺着玉案山一段崎岖的山路爬到山顶,再步行到农场。农场场部设在狭长的山谷里，有一长排简易房子，房前有一个长长的打谷场。我们安顿好后，第二天便开始劳动，除了少数几个同学被分配去放羊和帮厨外，大多数同学都被分配去锄苞谷地。虽然每天的劳动很辛苦，但从校园里紧张的学习环境中来到这荒无人烟的深山之中，身心全放松了，过得十分愉快。晚饭过后，在校排球队员曾兴华的组织下，在农场的打谷场举行小组间的排球赛，没有排球网，同学们采来一捆蒿枝，用绳子拴成一长排，固定在两根木头上就成了绿色的排球网。整个傍晚，赛场上的拼杀声、场外喊加油的吼叫声和欢声笑语响成了一片，寂静的山谷顿时沸腾了起来。

两个星期的劳动结束了，学校通知要尽快赶回去，第二天要听报告。在一个周末的午饭后，大家背上捆好的行李，徒步往筇竹寺的方向走去。这一天天公不作美，当我们走到筇竹寺时，天空突然乌云密布，狂风大作，大家为了尽早赶回学校，顾不了许多，继续沿着陡峻的山路往下去。不一会儿，电闪雷鸣，瓢泼大雨倾盆而下，在这前不沾村后不着店的山林中，找不到藏身避雨之处，大家只有冒着暴雨继续往山下走，不一会儿，一个个被雨淋得像落汤鸡似的，还有同学不断地滑倒在泥水之中。这时，身强力壮的劳动委员谭茂森同学用一根扁担把全班五位女同学的行李接下来，他一人担着往下走。女同学们一个拉着一个，有几个男同学在前后保护着，一步一步地往山下走去。走到黑林铺时，同学们个个全身湿透，浑身是泥，就像刚从泥水中捞出来的一样。当我们乘郊区公交车回到学校时，已经是傍晚时分，黎家斌老师看到大家如此状况，赶紧找了些红糖，去学生食堂熬了一大锅姜糖水，让大家暖暖身子。好在那时大家都年轻，身体素质好，经历了这场山林暴雨的洗礼后，竟然没有一人生病。

1964年秋季，我们升入了大学三年级。这时，我们的共和国渡过三年困难时期，全国大饥荒的阴影已经消失了，学校的生活越来越好，学生食堂已经不再定量，米饭放开了让同学们吃，全校学生都一律吃桌餐，每顿四菜一汤，顿顿有肉，同学们已经不再是入学时面黄肌瘦的样子，个个变得红光满面，健康壮实。学习上由于系领导和班主任的积极引导，更由于历史系各位老师的精心培育，整个班集体形成了良好的学习风气，大家刻苦努力，积极探索学习中的问题，有的同学已经敢于在课堂讨论中或是与老师的交流中，大胆地提出自己对某些历史问题的看法。同学们不满足于教材的学习，开始接触一些历史文献典籍，只要下午无课，大多数同学便集中到历史系的参考室，借阅各类学术期刊。一些同学还把积攒下的零花钱用于购买历史类的学术著作。这其中尤其让我钦佩的是平建有同学，他家庭特别困难，母亲年轻时就守寡，一位农村妇女把他兄弟二人抚育成人并考取大学。他在大学期间靠领甲等助学金生活，没有零花钱，为了买一本他心爱的书《康熙字典》，到星期天就停伙饿一天，退得几毛钱的伙食费，买一两炒豆充饥，余下的积攒起来去买书。正是有了这样良好的学习风气，全班同学的学习进步很大，凡是给我们班上过课的老师，均给予了很高的评价，认为我们班是近几年来最优秀的一个班，是很有希望的一个班集体（在后来的发展中，全班三十一位同学中，有九位同学成了全省各高校的大学教授，有八位同学成了地厅级领导干部，其他同学也都在各自的工作岗位上取得了可喜的成绩）。四年级上学期，全校举行了"三好"学生评选，我们班有三位同学，即刘盛全、林超民和我被评为了全校的"三好"学生，学校颁发了奖状，并上了学校三好报的光荣榜。

那时，学校的文艺体育活动开展得丰富多彩，每天下午的课外活动时间，球场上挤满了锻炼的同学，全校性的和校际间的篮排球比赛经常举行。历史系的篮排球水平在全校都是很高的，我们班的曾兴华同学还进了校排球队，成为主力队员。文艺方面，校学生会有一个文工团，无论是音乐还是舞蹈，其水平都不亚于专业团队。历史系在文艺方面在全校也很突出，我们班的杨兆荣同学通过考试进了校文工团乐队，成为一名笛子演奏员。记得历史系还排演过一个大型的四幕话剧《候鸟》，该剧由董孟雄老师担任导演，师生同台演出，自己制作道具，办公室的办事员张秋痕老师和高年级的徐晓英同学担当主演。话剧公演后轰动了全校，还受邀赴昆明医学院等高校巡回演出。

在经济形势好转的同时，在思想政治领域也发生了一些变化。从20世纪60年代初以来，中国除了继续受西方国家的封锁外，与苏联的同盟关系彻底破裂，在国际共产主义运动的舞台上展开了激烈的大论战。从1963年9月6日发表《苏共领导同志同我们分歧的由来和发展》开始，到1964年7月14日发表《关于赫鲁晓夫的假共产主义及其在世界历史上的教训》为止，中共中央以《红旗》杂志和《人民日报》评论员的名义，先后发表了

"九评"，并在中央人民广播电台反复播放。每当这时，校园的高音喇叭便全部打开，同学们停下晚自习，坐在校园的球场和草坪上，静静地收听。在同学们的学习生活中，最明显的变化是党团组织的思想政治教育工作加强了，学校规定每周五下午必须组织政治学习，小组讨论的情况必须逐级汇报。班集体的学习氛围似乎变得凝重紧张起来，那时班上发生的一件小事，即"粑粑休也"的争论就是这种氛围的生动体现。事情的缘由是，团支部和班委开会决定组织一次郊游，并决定大家凑些班费，买些粑粑（糕点）之类带去。当班委把这一决定在班上宣布时，有一位同学对此表示竭力反对，写了一篇《粑粑休也》的小文章交给我（我当时是团支部宣传委员，同林超民同学一起负责班上的墙报），文章中有些过激的言辞，我们看后觉得作为一种意见发表出来也无妨。文章登出来后，团支部有的支委认为这是一种不正之风，并在一次班会上对这位同学进行了严厉地批评，并导致了激烈的争论，结果这次郊游也就泡汤了。

二、七里桥往事

三年级上学期末，即1964年底，学校党委根据教育部关于高等学校师生必须参加社会主义教育运动的社会实践的有关文件精神，决定中文、历史两系的师生停课，参加云南省委组织的农村社会主义教育运动。

早在1963年5月和9月，中共中央先后制订了《关于目前农村中若干问题的决定（草案）》（简称《前十条》）和《农村社会主义教育运动中的一些具体政策规定（草案）》（简称《后十条》）等文件，在全国一些地区率先开展了社会主义教育运动，即"四清"运动（清政治、清经济、清思想、清组织）。"四清"运动的指导思想是毛泽东主席提出的无产阶级专政下继续革命的理论。这个理论是在对中国当时的社会阶级斗争形势的错误判断下提出的，即在社会主义社会历史阶段中，还存在阶级、阶级矛盾、阶级斗争，存在着社会主义同资本主义两条道路的斗争，存在着资本主义复辟的危险性，而党内一小撮走资本主义道路的当权派，就是资产阶级在党内的代表人物。

云南的"四清"运动开展得要晚一些，直到1964年底，中共云南省委才决定以宜良、安宁和大理三个县为试点开展"四清"运动，并从全省党政军机关抽调大批干部组成"四清运动工作团"。"四清运动工作团"下设三个分团，大理分团的工作队由楚雄州、大理州和临沧、丽江等地区的干部加上云南大学中文、历史两个系的师生组成。

云大的"四清"工作队由李广田副校长带队，一些年长的老教师，如历史系的江应樑、李为衡等都积极报名参加了。1964年12月12日，师生们乘坐几辆大卡车，在滇缅公路上颠簸了两天后到达下关。云大师生先是集中在下关市凤仪区的满江公社集训，随后又集中在下关市的一所中学里，与来自地州党政机关的干部混合编队学习。集训主要是学习中央关于"四清"运动的各种文件，如《前十条》《后十条》和王光美的"桃源经验"等。我印象最深的是王光美的"桃源经验"，听后在我的脑海中对即将奔赴的乡村增添了不少神秘的色彩，似乎我们面临的将是一场与阶级敌人的破坏与阴谋较量的斗争。

集训结束后进行了编组，我们班的同学加上黎家斌老师、木芹老师和张尚谦老师被分配到七里桥区上末公社。在一个冬日的上午，工作队员背上行李，形成浩浩荡荡的一支队伍，从下关出发，开赴大理县的各区社。七里桥区位于下关与大理县城的中间，滇缅公路横穿而过，它所属的几个公社（相当于后来的大队）就分布在公路两侧。这是一个风景如画的地方，它背靠巍峨的苍山，面对烟波浩渺的洱海，而公路下方则是一大片绿色的沃野，成阶梯状一级一级地延伸到洱海边。苍山十八溪中的清碧溪，带着山顶上终年积雪融化的雪水发出淙淙的欢笑声，顺山势而下，一直流淌到洱海之中。清碧溪的最北端是七里桥区区政府所在地，南端有一个远近闻名、香火旺盛的寺院观音塘。上末公社的范围就在区政府与观音塘之间，包括公路上方的整个上末寨子和公路下方的部分村庄，共分成二十几个生产队。

下午时分，工作队到达了上末公社，稍事休息后，大家便按宣布的编组名单奔赴各生产队。我和同班同学平建有编在一个组，组长是和积家同志。老和同志是一位纳西族干部，四十来岁，具有丰富的农村工作经验，抽调参加"四清"工作之前是洱源县新华书店的党支部书记；另一位成员叫杨玉鹤，是一位刚刚从农村吸收参加工作的白族小青年。

傍晚时分，我们一行四人沿着田野中的小路进入了神通庄。这是靠近洱海边的一个不大不小的村庄，有五十多户人家，生产队长安排我们吃过晚饭后，便在本主庙里住了下来。根据组长老和同志的安排，我们头几天的任务是扎根串连，访贫问苦，摸清阶级队伍状况。经过几天的摸底排查，选定了村中最穷的四户人家，我们四人便从本主庙分别搬进了农户家。我的房东家，大爹叫赵国翠，是一位老实巴交的贫农，是村里最贫穷的农户之一，一家人至今还住在土改时分的一间老房子里，平时烧水做饭、睡觉，以及堆放粮食、农具全都挤在这间二十多平方米的房子里，显得十分拥挤。房东家有两个儿子，大儿子赵尉结婚才一年多，媳妇刚生了个孩子，为了结婚，在猪厩旁搭了间临时的小房子，里面窄得只能支一张床；小儿子当兵在外。房东大妈听说我要到他们家里吃住，早就在屋子的一角收拾出一块地方，支起了一张小床，老两口见我提着行李来到他们家，满心的喜悦。这样，我们四人终于安顿下来，与贫下中农吃住在一起了。

接下来，我们白天和社员一起下地劳动，晚上分头去串门，做群众的思想工作，动员大家勇敢地站出来揭发队干部的问题。经过一段时间的调查了解，基本摸清了队干部的情况，老和同志召集全组召开了分析会，并把分析情况上报了工作队队部。后来召开了全队群众大会，却开得很不成功。工作组认真进行总结，大家一致认为，我们的工作还做得不扎实，群众发动还不充分，主要是部分群众还有顾虑，担心工作组走后遭打击报复。对此，老和同志要求全组同志继续扎根串连，继续发动群众，要重点培养一些敢说话的人和知道实情的人。经过一段时间的工作，情况有所好转，到揭发批判副队长赵元时，就是另一番情况了。

揭发批判副队长赵元的大会开得很热烈，发言的人一个接一个，火药味十分浓烈。社员们的发言揭露了赵元一桩桩好逸恶劳、化公为私、多吃多占，称王称霸、欺压群众，贩牛倒马做投机生意等的一系列问题。在愤怒的群众声讨中，赵元威风扫地，低头认罪，认真做了检讨。

1965年初，中央制定了《农村社会主义教育运动中目前提出的一些问题》（简称《二十三条》），不久传达到工作队，全体工作队员集中到上末公社的队部听取文件传达。传达文件并作报告的是工作队副队长谢德文同志（来自楚雄的干部），只见他一支接一支地抽烟，滔滔不绝地讲了两三个小时，手中的香烟从未停过。会后，我们云大的师生集中到观音塘学习讨论，记得那时张尚谦老师提出：《二十三条》中把当前社会主要矛盾的不同主张列举出来，斗争很激烈。我当时听了觉得耳目一新，不可思议。后来披露的事实证明，张尚谦老师的分析是正确的。

为了宣传《二十三条》，进一步发动群众，大理"四清"工作团的领导在七里桥区召开了有几千人参加的大会，附近几个公社的工作队成员和生产队长以上的干部到会听了工作团团长邵风同志的报告，报告强调要严厉打击地富反坏分子的破坏，要整顿各级领导班子，揪出走资本主义道路的当权派；同时报告还强调要对农民进行社会主义的思想教育，要"割资本主义的尾巴"，如要求把一些农民多占的自留地收归集体，把大理地区农村妇女的家庭手工业——编草帽纳入集体经济管理的范畴，等等。

七里桥大会后，我们便开始在村里"割资本主义的尾巴"，工作队同贫协小组的成员一起，拿着尺子去丈量一家一户的自留地，凡是超过的都要收归集体；一些社员在田边地头、荒坡沟旁种的树木，也都宣布一律归集体，结果引起很多社员的不满，甚至同工作队对立起来，有的社员听说要把自己种的树收归集体，树长得好好的，还未成材就把它砍了。至于把妇女的家庭手工业——编草帽纳入集体经济的指示，却始终贯彻不下去。编草帽，这是大理地区农村妇女世世代代传下来的家庭手工劳动。晚饭后，妇女们，从十多岁的小姑娘到五六十岁的大妈，总是腋窝里夹一捆用水浸泡过的麦秆，无论是开会还是串门子，两手总是不停地把一根根麦秆编织成带子，然后再缝成草帽，到赶街天拿到城里卖，于是一家人的油盐酱醋钱就有了。我们当时设想，要把妇女们集中在一块编织草帽不太可能，只能是个体作业，队上收购成品，记给工分。我们把这一决定在社员中宣布后，没有一个人响应，也没有人把编好的草帽交到生产队，此事后来也就不了了之了。

在小春作物的种植季节，队部要求"四清"工作队协同各生产队发动一场小春作物种植的"革命"。大理地区农村传统上对小春作物的种植都不重视，习惯种"懒庄稼"。蚕豆在水稻收割前就按在田里，小麦地从不翻耕，在潮湿的稻田里用锄头挖个坑把麦种撒下，产量都很低。现在小春作物种植的"革命"要求各生产队翻耕土地，把土壤捣碎整平，再撒下麦种。尽管我们苦口婆心地动员，社员们还是积极性不高，最终也没有认真推广开来。究其原因，据我的观察，除了传统观念和保守的习惯势力影响外，最主要的还是社员们对这种吃大锅饭的集体生产缺乏劳动的积极性，正所谓"大寨活，慢慢磨，出工不出活"。在社员的自留地里，有的也种了冬小麦，可那地是翻整得多么精细，还铺了厚厚的农家肥，长出来的麦苗绿油油的。这就充分说明，生产者的劳动行为一定要跟生产者个人的经济利益紧紧地联系在一起，生产者的劳动热情和积极性才能充分地发挥出来。

作为大学生，我们在出发之前，学校党组织在动员时就要求我们要虚心地向贫下中农学习，要接受贫下中农再教育，要在社会主义教育运动的伟大革命实践中接受锻炼和改造，把自己培养成无产阶级革命事业的接班人。我们正是肩负着这样的希望和抱负来参加"四清"运动的，所以，在神通庄与农民相处的日子里，我们始终严格遵守工作队的纪律要求，坚持与农民"三同"，不怕脏，不怕累，不怕苦，插秧、锄地、割麦子等什么农活都干，并受到了村民的一致好评。

春耕后，生产队组织青壮年男劳力上苍山积绿肥。有一天工作队刚好无事，我便提出跟社员一齐上苍山，很多社员竭力劝阻，说路途遥远，山高坡陡路滑，怕我受不了，但我还是跟大家一齐出发了。这确实是一项很艰苦的劳动，还未爬到山腰，我已经气喘吁吁，筋疲力尽了。到了半山腰针叶松茂密的山林，社员们把砍下的松枝帮我捆了一小捆，吃过干粮后便下山了。说实在的，单是下这陡峭的山路我就已经吃不消了，何况背上还背一捆松枝，于是一路上我东歪西倒，不断跌倒在山坡上，出尽了洋相。一位叫赵良的年轻社员看我这状况，便飞奔着快速下山，把他的松枝卸下放在路边，又迅速地爬上山来，接过我背的松枝，让我空手下山，这样一段一段的接力，近傍晚才回到了神通庄。

正是在与社员的"三同"中，我们同贫下中农结下了深厚的感情。我的房东大爹大妈待我像亲人一般，他家生活不富裕，但家里有点什么好吃的总是留着给我吃。我有时劳动或到公社开会回不来，大妈怕我饿着，便在灶火里烤一个香喷喷的米饭团塞在我的挎包里。队里的年轻人很多，从十多岁的到二十来岁的男女青年大约三十多个，这些年轻人对我和平建友两位大学生十分崇敬，晚饭后总是聚集在我们身边，问这问那，迫切地希望了解外面的广阔世界。为此，我们同生产队商量，腾出了一间房子为年轻人建立了一间文化活动室，晚饭后村里的年轻人便聚集到活动室学习、唱歌和娱乐。自建了文化活动室后，村里的风气大为好转，打架斗殴的少了，打牌赌钱的没有了，甚至小偷小摸也少了许多。

1965年8月，"四清"运动的各项工作已经基本完成，省委决定撤出大理县的"四清"工作队。房东大妈听说我们要走了，心里很难过，总是跟我说，怎么就要走了，多在一久不行吗？8月下旬的一天，工作队撤离的日子终于来临了。虽然即将回到久别的校园，但我的心情却一点也激动不起来，反而变得无限的惆怅，对即将告别的一切，即那再熟悉不过的村庄、田野、农舍，还有那朝夕相处一个个勤劳朴实的社员们，顿时产生了难以割舍的情怀。本来我们想悄悄撤离，但工作队要走的消息早就传开了。离开的那天，全村老老少少的几乎倾巢出动，乡亲们拉着我们的手，千叮咛万嘱咐，要我们今后有时间一定来看望他们，一些年轻姑娘难过地哭了起来。乡亲们送了一程又一程，一直把我们送到公路边。当我登上来接我们的汽车时，我的两眼湿润了，我向车窗外不断地挥手告别，心中默默自语：再见了，七里桥！再见了，亲爱的乡亲们！我一定会回来看望你们的！

三、重返云南大学

1968年9月，按教育部通知，全国高等学校六七、六八届的大学生，凡有条件的必须组织到中国人民解放军军垦农场进行劳动锻炼，然后再分配工作。10月，根据云南省的安排，我们云南大学历史系六七届的全班同学被安排到中国人民解放军第十三军直属炮团的弥勒马堡农场（至1969年夏，因部队换防又合并到开远卧龙谷十四军军直农场）劳动锻炼。经过一年半的劳动锻炼，1970年4月在部队重新分配工作，我被分配到曲靖地区，报到后又被分配到曲靖县委宣传部工作。这是我人生旅程中的一个重要阶段，经过部队农场的劳动锻炼和基层党政机关的磨炼，自己无论是在思想意志方面还是实际工作能力方面都得了很好的锤炼和极大的提升，并得到了县委机关领导和同志们的一致好评。粉碎"四人帮"后，我被选调到曲靖地委办公室秘书科工作，这本来是一件值得高兴的事，很多同志都说我到了地委，升迁的机会多了，但我却高兴不起来，我的内心还是希望回到母校，去从事跟自己所学专业有关的工作。经过不懈的努力，愿望终于在不久之后实现了。

1978年10月，我由曲靖地委办公室调回云南大学，成为历史系的一名青年教师。领导分配我到世界史教研室，担任世界近代史的教学工作。当时的系主任是张德光先生，副系主任是谢本书老师，总支书记是李淑兰同志，总支副书记是赵瑞芳老师。

回到阔别多年的母校云南大学，当时的感受是既亲切又陌生，亲切的是原来给我们授课的老师，绝大部分都还健在，当我去拜访他们时，每位老师都表示了热情的欢迎，使我倍感欣慰；而让我感到陌生的是，眼前的云南大学似乎已经不是我学生时代记忆中的样子了。经历了"文化大革命"浩劫后的云南大学，无论是精神层面还是物质层面都遭受重创，整个校园破败不堪，人们的精神面貌似乎还没有从多年的政治压抑中解脱出来，一切都在"拨乱反正"，恢复发展之中。我返回云大后，面临的最大问题是如何把在"文化大革命"中失去的时间抢回来，尽快地提高专业水平，以适应教学工作。那时，学校刚刚恢复招生，一切都得重新开始，教师的生活条件极为艰苦，我到学校报到后，房管科告之没有宿舍，结果只能在学生集体宿舍安排一个床位，于是我白天跑图书馆，晚上到历史系办公室看书学习。虽然条件差，但心情是舒畅的，浑身有使不完的劲，我抓紧一切时间如饥似渴地看书学习，并参加各种外语培训班，努力提高自己的业务水平。记得那时李德家先生刚刚落实了政策，摘掉了"右派"的帽子，恢复了教师资格，张德光主任便安排他给历史系的中青年教师开设英语补习班。李德家先生年轻时留学美国，获美国哥伦比亚大学哲学博士学位，曾在美国卡内基和平基金会任研究员，1935年回国，一直在高等学校任教。先生虽然年事已高，但仍精力充沛、豁达开朗，讲得一口流利的美式英语。先生从不计较过去那些不愉快的事，一心扑在教学工作上，兢兢业业地帮助我们提高英语水平。

经过一年多的学习和准备，我终于登上讲台，担任世界近代史的教学工作，并为学生开设了其他一些选修课。由于自己的不懈努力，很快在教学和科研上均取得了显著成绩，1980年被评为讲师，1986年晋升为副教授，1994年晋升为教授，并先后担任了世界史教研室主任及历史系副主任、主任、云南省历史学会副会长、中国世界近代史学会副会长等一系列行政和学术团体的领导职务。

20世纪80年代初期，谢本书老师调省社科院工作后，1982年赵瑞芳老师被推举为历史系副主任，协助系主任张德光教授主持日常工作。1984年，赵瑞芳老师正式出任历史系系主任，当时正是历史系发展的一个关键时期，一方面历史系面临着进一步消除"文化大革命"的负面影响，落实知识分子政策，调动老教师积极性的大量工作；另一方面，又面临着培养中青年教师、学科建设以及为使历史系的教学和科研上一个新台阶的发展问题。为此，作为系主任的赵瑞芳老师以一种求实的精神，从云南大学历史系的实际出发，提出了"拓宽办学路子，办出特色，多出成果，出好成果"的发展目标，出台了一系列举措，把历史系老中青教师紧密团结起来，使历史系各个方面的工作都有了很大起色。在学科建设方面，赵老师主张云南大学历史系一定要有自己的特色，要保持历史系老一辈历史学家所开创的学术传统，继承和发扬云南民族史、唐宋经济史学科的优势，使之成为全国一流的优势学科；同时，又考虑到云南大学作为西南地区的一所地方重点大学的区位特点，在世界史学科方面要注重发展西亚非洲和发展中国家历史的研究。正是在这个思路的指导下，经过历史系全体教师的努力，历史系的学科建设在全国保持了一定的优势和显著特色，在赵老师担任历史系主任期间，历史系申报并获得了"云南民族史"和"唐宋经济史"两个博士学位授权点，以及相应的硕士学位授权点，世界史学科获得"世界地区史、国别史"的硕士授权点。随后，云南民族史和唐宋经济史分别扩张为中国民族史和中国经济史，并被批准为云南省省级重点学科。

在拓宽办学路子方面，在赵瑞芳老师的带领下，经过全系教师艰苦卓绝的努力，成功地创办了一系列新的专业，为云南大学新学科的建设和发展做出了重要的贡献。在中国改革开放以后，20世纪80年代初期，市场经济大潮的冲击下，全国高等学校包括历史学科在内的一些基础学科，都面临着如何生存和发展的问题。面对这一形势，赵老师和历史系其他党政领导一起，通过调查研究和充分论证，提出了拓宽办学路子，创办新专业，以确保历史学这一基础学科健康发展的主张。为此，历史系从1982年开始陆续从毕业班中选拔优秀学生赴北京大学、中国人民大学、山东大学和中山大学等著名高校进修或攻读硕士研究生，为新专业的创办培养师资力量。从1984年开始，通过申报并经国家教育部批准，历史系先后创办了档案学专业、图书馆学专业和人类学专业，在赵老师离任后还创办了社会工作专业，随后这些专业不断成长壮大，从1988年之后，分别从历史系划分出去成立了档案学系（含图书馆学专业）、人类学系和社会工作系，其中以人类学系的发展最为突出。如今以人类学专业为基础，而发展起来的民族学和社会学学院已经在全国产生重要影响，民族学学科已经获得一级学科的博士学位授权点，并成为云南大学"双一流"大学学科建设的国家级重点学科。

进入20世纪90年代后期，为了确保历史学基地的健康发展，也为了适应国家和云南省社会经济发展的需要，历史系于1998年申报并经教育厅批准，创办了国际事务专业（学制三年的大专，后改为阿拉伯语方向），并先后从北京大学、北京第二外国语学院引进了三位教授阿拉伯语和阿拉伯历史文化的教师。该专业在2000年之后，在学校专业调整中合并到外国语学院并成立了阿拉伯语专业。2000年，历史学基地还根据自身的师资力量，向教育部申报增设了世界历史本科专业，获得批准并次年开始招生。世界历史专业在招了两届学生后，为适应国家教育部的评估检查，学校对全校本科专业进行调整压缩，于是停止了招生。

在回到云南大学历史系任教的经历中，在教学方面，我多年来主要从事世界近代史的教学，除了为本科生授课外，还担任了硕士研究生导师，先后培养了十多名世界历史专业的硕士研究生，这些研究生如今大多在全国一些高等学校任教，有的已经做出了很突出的科研成果。我给本科生和研究生讲授的课程主要有"世界近代史""西方政治制度史""世界近代国际关系史""世界近代史专题研究""欧美史专题""当代世界与科学社会主义"等。科研方面我主要偏重于世界近代史中的英国史和近代科学技术史的研究，先后参与编写的教材和著作有《世界史纲》（贵州人民出版社 1985 年出版)、《世界近代史》(云南人民出版社 1986 年出版)、《世界近代史学习辅导》(云南人民出版社 1986 年出版),与他人合作主编的著作有《欧洲北美近代史》(云南大学出版社 1992 年出版)、《成人中专教材——历史》(云南大学出版社 1993 年出版)、《历史科学与社会发展》(云南大学出版社 1998 年出版),发表的论文主要有《论克伦威尔对爱尔兰的征服》《评英国资产阶级革命中的三个政治派别》《论第二次产业革命的历史地位》《论近代自然科学产生于欧洲的原因》《年鉴学派与西方社会史学的兴起》《论世界近代史的体系与分期问题》等 20 多篇。

多年来,由于自己的不懈努力,在教书育人和科学研究方面取得了显著的成绩,并受到了校内外的表彰,主要的有:1995 年"世界近代史教学"项目获云南大学教学优秀成果二等奖;1994 年"欧洲北美近代史"获云南省社会科学研究成果二等奖;1997 年获云南大学首届伍达观教育基金优秀教师奖;2001 年"亚洲历史文化学科建设与人才培训"项目(集体)获云南省教学成果一等奖;1998 年和 2002 年两次被评为云南大学优秀共产党员等。

四、历史学基地建设创佳绩

1988 年,赵瑞芳老师辞去了历史系主任职务,学校任命了方国瑜先生的高徒,新中国成立以后第一位中国民族史专业的博士林超民为历史系系主任,这一时期曾经先后担任历史系副主任的有黎家斌教授和吕昭义教授。随后,随着黎家斌教授退休,吕昭义教授调学校工作,1996 年 9 月,学校任命我为历史系副主任。20 世纪 90 年代后期,学校对云南大学的党政管理体系进行了大刀阔斧的改革,全校实行校院系三级管理体系,成立了全校最大的文科学院——人文学院,人文学院囊括历史、中文、新闻、档案、哲学、人类学等众多学科门类,成为一个庞大的综合性学院,并由时任副校长的林超民博士兼任人文学院院长,我担任历史系主任。在我主持历史系行政工作期间,当时历史系最重要的中心工作就是历史学基地的建设。

20 世纪 90 年代初期,全国高等教育的发展很快,新学科新专业不断涌现，无论是人文社会科学还是理工科的一些基础性的学科，在招生、学生就业以及学科发展等方面都面临着新的挑战。为了保证人文社会科学基础学科的人才培养，国家教委（教育部的前身，于1998年更名为教育部）决定在全国建立50多个哲学、历史、文学专业的国家文科基础学科人才培养和科学研究基地。1995年初，经过校系两级领导的努力，云南大学历史系积极申报并被国家教委批准为"国家文科基础学科人才培养和科学研究基地"，这是云南省唯一的一个国家文科基地。基地的批准和建立是历史系发展进程中的一个重要契机，学校领导高度重视，并按国家教委的总体要求，成立了由校领导和有关职能部门负责人组成的历史学基地建设指导委员会，历史系成立了历史学基地建设实施领导小组，制定了比较完备的历史学基地建设方案。

1997年12月，国家教委组织专家组对云南大学的历史学基地进行了中期检查评估。面对即将到来的中期检查评估，我作为历史学基地建设实施领导小组的主要负责人，深感压力的重大。因为历史系的现状同国家教委要求的建设目标相距太大，当时面临着建设经费不到位（按国家教委的要求地方财政和学校自筹每年投入建设经费不少于40万元）、师资力量缺乏、教学改革力度不大、学科特色不鲜明、缺少标志性的具有全国一流水平的科研成果等一系列困难。在国家教委专家组的检查评估中，专家组在充分肯定云南大学历史学基地建设的前期成绩的同时，对基地建设中存在的问题和不足提出了许多宝贵的意见，有力地推动了云大历史学基地的发展。在学校党政领导的关心、指导和帮助下，我全身心地投入到历史学基地的建设工作中，团结和依靠历史系全体教师，反复论证，准确定位，修订切实可行的计划，主动争取学校领导的大力支持，并积极引进人才，大力培养青年骨干教师，"走出去，请进来"，广泛开展对外的学术交流，实行一系列的激励机制，继承和发扬历史系的学科优势和学术传统，关心青年教师的学习和生活，使历史系成为一个有凝聚力且团结和谐的集体。经过五年的建设，圆满地完成了国家教委所要求的历史学基地建设的各项指标，取得了丰硕的成果。现分述如下：

关于历史学基地建设的指导思想。云南大学是我国西南地区一所国家重点建设的综合性大学。一方面，这里少数民族众多，有着丰富的民族历史文化；另一方面，这里又因地处边疆，是连接中国与周边南亚、东南亚众多发展中国家的重要陆上通道。20世纪90年代以来，云南省委省政府提出将云南建设成为"民族文化大省"和"连接中国东南亚南亚的国际大通道"的社会经济发展战略。上述这些历史的、现实的环境与省情，决定了研究边疆各民族的历史文化，研究周边国家的历史文化，研究中国与周边国家关系的历史与现状，为边疆民族地区的社会经济发展与对外开放培养人才，必然成为云南大学历史系的办学重点。同时，由于老一辈学者的不断开拓和辛勤耕耘，云南大学历史学的发展已经有了长期的积累与基础，形成了诸如中国民族史、中国封建经济史、边疆史地、南亚东南亚史、西亚史、非洲史等地区国别史等一些优势学科和特色学科。正是基于这样的实际，按照国家教委基地建设的总体要求，结合云南省实际和云南大学发展的需要，在充分调研和征求各方面意见的基础上，我们确定了"立足边疆，服务云南，加强基础，办出特色，争创一流"历史学基地建设指导思想，提出历史学基地建设的具体思路是：以教学改革为动力，以学科建设为中心，以科学研究为支撑，以培养高素质人才为目标，发挥优势，办出特色，经过几年的努力，把历史学专业办成西南一流，国内先进，在国际上有一定知名度的名牌专业；建成两个特色学科——中国民族史学科与亚非史学科，并使这两个在研究对象、研究手段方面有互渗性、共通性的学科有机结合，相互推进，最终使云南大学历史系成为在我国从事中国民族史和亚非发展中国家的历史文化、民族宗教及政治经济问题研究与人才培养的基地。在保证重点和突出特色的前提下，对于已经具有一定优势的学科，如中国封建经济史、历史地理学和史学理论等，亦要给予兼顾，使其获得较好的发展。

关于基地建设经费的投入和教学条件的改善。国家教委专家组对云南大学历史学基地的中期检查评估，有力地推动了历史学基地的建设。根据国家教委的规定，云南大学历史学基地建设经费，已经由云南省教育厅和云南大学自筹，按每年投入40万元计，五年中共投入了200万元。另外，学校在"211工程"建设立项后，又将历史学基地建设纳入"211工程"建设，作为其中的一个项目，共投入经费60多万元。对于已经投入的这笔经费，基地建设实施领导小组精打细算，用于购置教学科研设备、图书资料，召开和参加学术会议，师资培训，出版专著等，极大地改善了历史系的办学条件。如历史系的图书资料室的建设，五年间图书资料平均年增长量为26%，并购置了一定数量的电子类图书、光盘等，使之成为云南大学文科院系中图书资料最为完备最为丰富的图书资料室；经过几年的建设，历史学基地建成了拥有现代信息技术设备的多媒体教学实验室（兼多功能小型学术会议室）、学生专用计算机室；由基地建设经费给予资助，为在职的教职工配了电脑，购置了白寿彝主编的多卷本《中国通史》等图书；此外，还购置了各种电教扩印设备、摄影机、照相机等，使历史系成为云南大学文科中教学设备最为先进的单位之一。

关于师资队伍的建设。一流的师资队伍是历史学基地建设能否成功的关键，为此，基地建设实施领导小组采取了一系列提高教师的科研教学能力的措施：第一，实施基地青年教师"博士化工程"，创造条件鼓励在职教师攻读博士学位并积极引进名校毕业具有博士学位的人才。第二，提供各种条件，帮助青年教师进入省级学术带头人或校级百名学术骨干的行列。如基地为了发展亚非史学科，培养研究亚非地区发展中国家的人才，曾先后让四批青年教师前往印度、尼日利亚和肯尼亚等国家的著名高校进修学习，这批教师回国后为开展亚非史的研究发挥了重要的作用。第三，鼓励青年教师承担重大科研项目和争取各种奖励，如为了帮助青年教师刘鸿武开设的"非洲文化史"申报国家级的教学成果奖，基地聘请了中国非洲史研究的著名专家、中国非洲史研究会会长、北京大学教授陆庭恩，以及非洲史著名专家、中国非洲史研究会副会长、华东师大教授艾周昌等到云大进行学术访问，具体指导"非洲文化史"课程的建设。经过不懈的努力，"非洲文化史课程建设"1997年获得"全国高等学校国家级教学成果二等奖"和"云南省教学成果一等奖"。第四，支持青年教师参加高级职称的破格评审。通过上述措施，基地的师资队伍大为改观，到2000年，具有正副教授高级职称的教师占了基地教师总数的80%；教师的学缘结构也发生了巨大变化，有1/3的教师毕业于北京大学、南京大学、北京师范大学、武汉大学等著名高校；基地实现了师资队伍的年轻化，老中青的比例趋于合理的状态。由于有了一流的师资队伍，基地班的基础课有85%的课程均由教授担任，专业课也主要由教授、副教授担任。由于基地重视教书育人，在教师中倡导严谨、勤奋、创新、奉献的学风和教风，自1988年起，基地教学课程评估的优良率在75%以上，在学校组织的学生对课堂教学质量的评估中，基地70%以上的教师，得分均在80分以上。

关于教学改革和培养高素质创新人才。在历史学基地建设的过程中，基地建设实施领导小组努力探索历史学教学与人才培养的新思路，揭出了"厚基础、宽口径、展特色、重能力"的改革思路，以全面实施学分制和导师制为动力，以优化课程体系为核心，将专业教育与素质教育有机地结合起来，使学生的品格、能力、个性协调发展，在培养高素质的学生方面取得较大进展。基地建设实施领导小组的主要做法是：第一，厚实基础，拓展专业口径，基地新开设人文科学概论课程为必修课，同时，让基地班学生合理地选修中文系、哲学系开设的一些基础课和选修课，以打通文史哲，拓展学生的知识结构。第二，注重专业基础和治史技能的训练，加强文献学、目录学、年代学、历史地理、专业外语、计算机技能等课程的教学。同时还加强历史哲学、史学理论与方法论课程，以提高学生的理论思维能力与理论创新意识。第三，在上述基础上，结合云南大学历史学基地办学特色形成"中国民族史""中国经济史"和"亚非史"三大板块的选修课特色课程体系，努力使这三大板块的特色课程达到"专、精、深"，体系化，系列化，以此培养学生的科研意识和科研能力。第四，历史学基地教学实行"课堂教学—实践教学—学术活动"三结合的模式，贯彻"少、新、精"的原则，并及时更新基础课和专业课教材，基地不断改进教学方式，增加课堂讨论和学术讲座力度，让学生参与教学过程，使学习由被动变主动。在一年级要求学生课外阅读历史原典著作并写出读史报告，在二三年级要求学生写出学年论文，并组织年度论文比赛。同时加强实践，在西安、大理、西双版纳和云南民族博物馆等地建立学生实习基地，组织学生参观、调查和实习。此外，坚持办好学生学术刊物《嘤鸣》，发表学生论文，交流学习心得，展示学生的学术成果。

为了拓宽学生的视野，在历史学基地的建设过程中，基地建设实施领导小组先后聘请北京大学的原中国秦汉史学会会长田余庆教授，非洲史学会会长陆庭恩教授，非洲史学会副会长、华东师大艾周昌教授，世界近现代史著名学者、北京大学副校长何芳川教授，国际知名的法国史专家、北京大学郭华荣教授，清华大学的中国近代史专家刘桂生教授，中国唐史研究会会长、武汉大学的朱雷教授，中山大学著名学者、秦汉史专家、原副校长张荣芳教授，中国世界近代史学会会长、英国史著名专家、河南大学阎照祥教授等到我校讲学，为基地班的本科生和研究生开设专题讲座，使同学们亲身领略了这些名师的学术风采，受到高水平的历史科学的学术熏陶，历史科学素养得到极大的提高。上述一系列教学改革和高素质创新人才培养模式的探索和实践，极大地调动了学生的学习积极性，提高了他们对历史专业的热情和兴趣。几年来，历史学基地的学生在全省和全国的一些竞赛中多次获奖，基地的教学改革也获得了一系列国家级省级的优秀奖。

关于学位点建设。这是历史学基地建设中的一项重要内容，也是历史学基地建设标志性成果的重要体现。1995年，历史系有中国民族史、中国经济史、世界地区国别史三个硕士学位点，有中国民族史、中国经济史两个博士学位点。但在1997年学位点合并后，中国民族史和中国经济史合并为一个学位点，这样，历史学基地只有专门史和世界史两个硕士点、专门史一个博士学位点。为了巩固已有的学位点和发展新的学位点，历史学基地通过"请进来，走出去"的方式，广泛吸收省外一些名校的经验，如前所述，聘请了一大批著名专家到我校讲学，为历史学基地的学位点建设会诊把脉，提供建设性的意见。同时基地建设实施领导小组又先后派出了唐敏、徐康明、吕昭义、刘鸿武等教授组成两个小组分别赴北京大学、北京师范大学、南开大学、首都师范大学、武汉大学、中山大学等高校学习取经和交流，广泛听取专家学者的意见。在学习全国一些著名高校的经验和听取专家学者建议的基础上，历史学基地对学位点的建设进行了适当的充实和调整，经过几年的努力，使得历史系原有优势学科专门史（中国民族史、中国经济史）博士学位点，传统优势和区位优势更加突出，并形成自己鲜明的特色，在全国处于领先的地位。

世界史学科博士点的建设则经历了比较艰难的历程。经过多年的努力，伴随着历史系一批中青年学者的成长，世界史学科已经具备了一定的实力和优势，从1998年起，历史学基地就组织向国务院学位委员会申请世界历史的博士学位授权点，但两次申报均未获准。为此，基地在学校领导的支持下，加强了对世界史学科的建设，在全校范围内整合世界史专业的师资力量，从区位优势和国家的战略发展需要出发，调整世界史博士点专业申报方向，通过一系列的内外学术活动，扩大云南大学历史学科的影响。在学校领导的支持下，1999 年，我校以历史学基地为核心成立了"云南大学亚非研究中心"，并在中国非洲史学会的协助下，经外交部邀请了20 多个非洲国家的使节及其夫人访问云南大学，参加"云南大学亚非研究中心"的成立大会和相关的学术讨论会。2000 年 1 月，教育部和外交部在北京联合召开"智力援非工作专家座谈会"，我代表云南大学出席了该会，并在会上介绍了我校近年来开展非洲历史文化研究的情况，受到了与会者的好评。会议主持人在会议的总结中对云南大学的非洲研究给予了较高的评价，认为云南大学是近年来新发展起来的研究非洲的单位，很有希望。2000 年秋季，历史学基地经过整合师资力量调整专业方向，再次对世界历史博士授权点进行申报，并最终获得了国务院学位委员会的批准。

同年，学校"211 工程"中的重点学科民族学获一级学科博士授权点，历史学基地因此又获得民族学一级学科下的中国少数民族史博士授权点。这样，到 2000 年，历史学基地已经拥有了专门史、世界史、中国少数民族史三个博士授权点和三个硕士授权点，这就为历史学基地的发展奠定了基础，并成为历史学基地建设成果的重要标志。

关于历史学基地的科学研究。云南大学历史学基地有优良的科学研究传统，老一辈的学者曾经承担了大量的国家级、省级科研项目，出了一大批优秀的科研成果，并形成了自己的特色和优势。历史学基地建设过程中，继承和发扬了历史系优良的学术传统，在科研方面采取一系列措施，诸如：鼓励和支持激励教师申报国家级省级的社科项目；自办学术刊物《史学论丛》，坚持每年出一期，发表基地教师的科研成果，其中有的文章曾被中国人民大学"报刊复印资料"等刊物转载，在学术界产生一定影响；从基地建设经费中拨出专款设立"历史学基地出版基金"，资助历史学基地教师出版学术专著，先后资助出版了《徐霞客和〈徐霞客游记〉》（朱惠荣　中华书局出版）、《英帝国与中国边疆 1911—1947》（吕昭义　中国藏学出版社）、《道教中与云南文化》（郭武　云南大学出版社）、《云南对外交通史》（陆韧　云南民族出版社）、《从部族社会到民族国家——

尼日利亚国家发展史纲》（刘鸿武　云南大学出版社）、《东南亚的封建——奴隶制结构与古代社会》（何平　云南大学出版社）、《滇贵黔边区纵队武装斗争简史》（高整军　云南大学出版社）、《秦汉史学会论文集》（杨兆荣等主编　云南大学出版社）等近30部学术著作；历史学基地积极参与国际国内高等院校、科研机构及学术团体的学术交流活动，多次承办或联合主办了各类国际、国内学术会议，如1999年独立承办了"第四届秦汉史学会年会暨国际学术讨论会"，2000年7～8月，基地与中国世界现代史学会承办"世界现代史学术年会"，同年，还与教育部中国历史地理专业委员会合作举办"面向21世纪中国历史地理国际学术讨论会"等大型国际及国内学术讨论会。五年间，基地教师外出参加国际国内学术讨论会约48人次，外出访问讲学6人次，邀请国内外著名学者到基地访问讲学近20人次，12人次出席了境外的学术讨论会。五年来，历史学基地在全国性的社科优秀成果评奖中多次获奖，并出版了大批有影响的高水平的学术著作。比如，1995年12月，《中国民族史》和《中国历史地图集》（参编）等两项获首届全国高校人文科学研究优秀成果一等奖，《云南史料目录概说》获二等奖；1988年《英属印度与中国西南边疆：1774—1911》获第二届全国高校人文科学优秀成果三等奖。五年来出版了一批有影响的著作，如在中国民族史方面，出版了对云南历史文化的研究和社会经济的发展将产生不可估量的作用和影响的巨著——十三卷本的《云南史料丛刊》，以及《中国西南边疆开发史》；在世界史方面，出版了《黑非洲文化研究》《中国远征军战史》等；在中国经济史方面，出版了《中国古代土地国有制史》等；在史学理论和历史地理方面出版了《马克思主义社会经济形态理论及其论争》《徐霞客游记校注》等。

　　与此同时，历史学基地还特别注重发挥集体的力量，把基地的教师组织起来，申报一批具有重要现实意义和学术价值、服务于地方经济建设、社会发展的重大课题，如"剑川石钟山石窟考古、开发与利用""云南历史地图集的编绘""云南民族文化知识丛书"等重大项目，其中尤以"剑川石钟山石窟考古、开发与利用"项目成果最为突出。

　　云南剑川石钟山石窟开凿于唐宋南诏天启十一年（公元850年）至大理国盛德年间，至今已有一千多年的历史，这是南方丝绸之路上中国古代最南方的石窟群落，它全然没有北方中原地区如敦煌、云岗、龙门等石窟的规模宏大，但它是我国西南少数民族地区最重要的石窟，具有很高的学术价值和鲜明的民族特色，早在1961年就被国务院批准为第一批国家重点文物保护单位。从20世纪的30年代起，就有老一辈的学者对其进行了调查研究。但从石窟考古的专业角度来看，剑川石窟一直没有一部包括准确系统的测绘、照片、拓片和文字资料的著作，也没有一部能反映剑川石钟山石窟整体面貌的考古报告。这就导致石窟的研究和开发不能很好地展开，影响了它对云南社会经济发展应起的作用。为此，历史学基地选择了剑川石窟考古为研究课题，并多次与北京大学协商，并由我同徐康明教授亲赴北京大学，拜会北京大学何芳川副校长、考古文博学院院长李伯谦教授和副院长、著名石窟考古专家马世长教授，得到了他们的大力支持，联合申报了云南省省院省校合作项目"剑川石钟山石窟考古、开发与利用"，并获得省政府批准，发给经费105万元。随后，组成了由云南大学副校长林超民教授为组长，由我担任常务副组长，由北京大学马世长教授担任副组长的课题组，成立了由北大、云大和大理州相关人员组成的联合考古队，对剑川石钟山石窟群进行了全面、系统的调查、测绘和研究，经过几年的工作，顺利完成了项目的预定目标：召开了"剑川石钟山石窟国际学术研讨会"；编制了《开发人文自然资源，建设旅游经济强县》旅游发展规划，并获州、县政府的批准；如期完成了30分钟的电视专题片《剑川石窟》的拍摄制作工作，并先后在云南电视台和中央电视台纪录频道播出，产生了很大的影响。完成了考古报告《剑川石窟——1999年考古调查简报》，于2000年在《文物》第七期发表；完成综合研究成果《剑川石窟》书稿一部；编制完成了剑川石钟山石窟的文物保护和维修方案，并得到国家文物局批准立项。2001年11月，经云南省院省校合作协调领导小组组织的专家组评估，结题验收。

2001年11月，云南大学历史学基地迎来了教育部专家组对云南大学"国家文科基础学科人才培养和科学研究历史学基地"的验收评估。在验收评估大会上，我代表基地建设实施领导小组向教育部专家组作了全面的汇报，专家组通过深入到教学第一线、召开师生代表的座谈会、查阅教学档案资料等一系列活动，最后形成了报教育部的评估报告。专家组一致认为云南大学的历史学基地建设特色鲜明、成绩显著，并最终被评为优秀等级，从而使云南大学历史系跻身于全国十多所著名高校历史系的行列之中。这是历史系发展道路上取得的一个辉煌成绩，在我担任历史系主任期间，能够取得这样一个辉煌成绩，感到无比欣慰！

五、教学督导团谱新篇

2002年底，我因年龄到限，辞去了历史系主任职务并退休。退休之后，学校领导聘我到学校教学督导团工作。2009年12月，学校教学督导团人员变动，经校长办公会决定，聘任我担任云南大学第四届教学指导团团长，随后又担任了第五届、第六届的云南大学教学督导团的副团长。

云南大学教学督导团成立于1997年6月，根据教学督导团成立初期并经校长办公议审议通过的《云南大学教学督导团工作条例》的规定，教学督导团是在校长、副校长领导下，协助教学行政管理部门对全校的教学秩序、教学管理和教学质量进行检查、督促和指导的教学监控机构。

云南大学教学督导团的成员由学校各学科刚刚退休的资深教授组成，几十年的教学经历使他们具有较高的学术造诣和丰富的教学经验。他们热爱云南大学，关心学校教育事业的发展，默默奉献，不辞劳苦努力工作，为提高云南大学本科教学水平、提升云南大学的地位、推动云南大学的教学改革和教育事业的快速发展做出了重要贡献。

21世纪初，为了提升全国高等学校本科教学的水平，教育部决定组织专家组分期分批地对全国高等学校的本科教学进行检查评估。2006年，云南大学迎来了教育部本科教学的首批质量评估，在当年，本科教学质量评估是高等学校发展的一件大事，学校领导高度重视这项工作。在这次评估中，教学督导团发挥了至关重要的作用。为了迎接评估，教学督导团以教育部提出的"以评促建，以评促改，以评促管，评建结合"的原则为指导思想，以专家组身份深入到各学院，听取学院领导的汇报，召开教师和学生座谈会，听取各方面的意见，并亲临教学第一线，对各学院的课堂教学、试卷、毕业论文、教学管理、实验课和实习基地进行了专项评估和整体评估，形成评估意见，并反馈给各学院领导，有力地促进了各学院的评建创优工作。

通过全校师生的共同努力，其中也包含教学督导团各位老师的辛勤劳动，云南大学的本科教学"评建创优"工作取得优异成绩，被教育部委派的专家评为优秀等级。在2006年12月10日《教育部本科教学工作水平评估专家组对云南大学本科教学工作水平评估的意见》中，云南大学的本科教学得到了充分肯定："云南大学在83年的办学历史中，主动适应国家与云南少数民族边疆地区经济和社会发展的需要，明确历史主题，把握时代脉搏，在负重进取，艰苦奋斗中，逐渐积淀出'会泽百家，至公天下'的办学精神，养成了'面向世界，通识天下'的办学胸怀，形成了一整套富有特色的办学风格，在教育上为国家和云南边疆的改革、发展和稳定做出了突出贡献"，"进入新世纪以来，学校抓住中国高等教育跨越式发展的契机，以科学发展观为指导，确立了立意高远并符合自身实际的办学目标和定位，按照'立足边疆，服务云南，提升水平，办出特色'的办学思路……走出了一条西部欠发达地区高等教育跨越式发展的示范道路"。

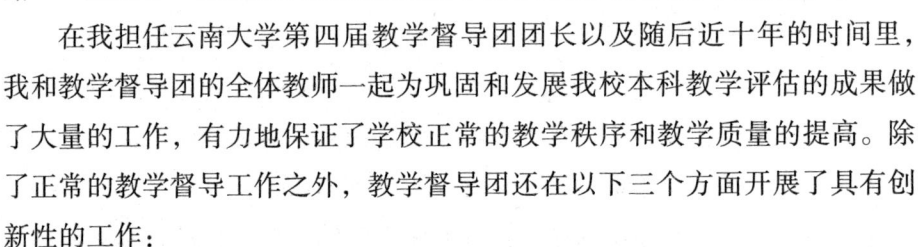

在我担任云南大学第四届教学督导团团长以及随后近十年的时间里，我和教学督导团的全体教师一起为巩固和发展我校本科教学评估的成果做了大量的工作，有力地保证了学校正常的教学秩序和教学质量的提高。除了正常的教学督导工作之外，教学督导团还在以下三个方面开展了具有创新性的工作：

一是对全校的实验课教学、教学实习基地的建设和野外实习的教学环节等进行了一系列的检查和调研，总结经验向全校推广，有力地推动了我校实践教学的发展。如在2009年暑假期间，教学督导团亲自参与了云南大学生命科学院赴西双版纳野外综合实习的全过程。西双版纳是中国仅存不多的热带生态系统和森林植被、生物多样性保存比较完整、自然资源和民族文化资源极其丰富的地区，那里拥有众多高水平的科研院所和世界闻名的热带雨林的自然保护区，是高等学校生物学科和环境科学学科最理想的野外综合实习基地。云南大学生命科学院自20世纪50年代以来，就坚持组织各专业的学生到西双版纳进行综合实习，积累了比较丰富的经验，编写并出版了包括野外综合实习在内的系列指导丛书，形成了实践教学的完整体系，在人才培养方面产生了明显效果，成为云南大学野外教学实习的品牌，在全国高等学校生物学界受到普遍好评。督导团在参与实习的全过程中，广泛与我校和全国其他著名高校参加实习的师生进行交流，了解他们的学习情况，听取他们的意见，督导团还访问了接受我校师生进行实习的单位的相关同志，征求他们对我校野外实习的意见。考察结束，教学督导团专门召开了总结会，并向教务处和学校领导提供了《云南大学教学督导团赴西双版纳考察生物教学实习基地的总结报告》，该总结报告对生命科学院的野外综合实习给予高度评价，对他们开展野外综合实习的丰富经验进行了总结，并对推广生命科学院的经验，推动全校实践教学更好的发展提出若干建议，该总结报告在全校产生了广泛影响，受到一致好评。而生命科学院正是根据督导团的建议，认真总结经验，使其野外综合实习项目于次年申报并获得教育部的国家级教学优秀成果一等奖。

二是对全校的本科教学开展了专题性的调查研究和专项教学评估，如全校性素质选修课的评估、全校品牌课的评估、新开素质选修课的评估以及全校多媒体教学的调查研究，为学校出台相关的教学管理方法提供重要依据。其中尤其是于2009—2010学年下学期对全校本科教学中使用多媒体教学的情况进行了专题调查研究，产生了较好的效果。我校的多媒体教学主要是在2005年以后，尤其是在贯彻《教育部关于进一步深化本科教学改革全面提高教学质量的若干意见》后迅速发展起来的。利用现代信息技术作为提高教学质量的重要手段，是当今高等教育发展的必然趋势。我校越来越多的教师都采用了现代信息技术作为提高本科教学质量的重要手段，并且取得了可喜的成绩。在2009年云南省优秀多媒体教育软件大赛中，我校参赛的课程获得了很突出的成绩，如资源环境与地球科学学院的"地理空间网络CIS网络课程"、化学科学与工程学院的"微型半微型有机化学实验多媒体课件"获高等教育组一等奖；"风景旅游区规划"（城建学院）等九门课程获高等教育组二等奖；"市场营销学"（商旅学院）等十二门课程获高等教育组三等奖；另外还有"中国古代文学史"（先秦至唐代）等十九门课程获高等教育组优秀奖。但是，总体说来，多媒体教学在全校的发展极不平衡，现代信息技术在教学中的应用水平还不高，多媒体课件的制作及其在课堂上的应用还存在诸多问题和不足之处。为此，在本次的专题调研中，督导团成员随堂听了七十多门课，与任课教师进行了面对面的交流，分别召开了有100多名学生参加的四个座谈会，广泛听学生的意见，最后召开了总结会，形成了《云南大学教学督导团对我校多媒体教学进行调研的总结报告》，为我校今后加强多媒体教学的建设和管理提出了建设性的意见，受到了学校领导的一致好评。

三是为培养青年教师做了大量工作，并取得了显著成绩。青年教师是云南大学教育事业发展的未来和希望，青年教师是云大教师队伍中的一支生力军，一支很重要的力量。为了培养青年教师，让青年教师尽快成长，教学督导团根据学校教务处的安排，开展了广泛的工作，如注意新上岗的青年教师的培养，坚持听初次登台上课的青年教师的课，检查他们的教学大纲和教案，并在听课后利用课余时间与青年教师进行面对面的交流，充分肯定他们在课堂教学中的成绩，同时又善意地指出课堂教学中的不足以及改进建议，最后还写成书面的反馈意见，帮助青年教师改进自己的教学工作。为了提高青年教师的教学积极性，教学督导团还参与了由学校教务处组织的每两年一次的青年教师课堂教学比赛。每一届比赛都由教学督导团成员担任评委，随堂听参赛教师的课，检查他们的教学大纲、教案等，广泛听取学生意见，为参赛的青年教师打分，并写出评审意见，最后讨论评出全校的一、二等奖，并在全校的师生代表大会上，由校长亲自颁发给获奖者奖状和奖金。这一工作坚持了多年，有力地促进了青年教师的成长。全校的青年教师都非常重视，积极踊跃参赛。不少获奖的青年教师在后来的教学工作中成为经验丰富的教学骨干，如参加过青年教师课堂教学比赛的原人文学院的韩杰、刘玉鹏、陈静静，经济学院的邓铭，数学与统计学院的潘江敏等，他们在教学中颇有建树，深受学生喜爱，其中有的青年教师在全省的青年教师课堂教学比赛中还获得了省的一等奖。

云南大学改革开放之杂忆散记

吕昭义[①]

我是 1979 年考上世界史南亚方向的硕士研究生的,招生单位是云南省历史研究所,指导老师是云大历史系世界史教研室的武希辕先生,另一位是该所的朱昌利先生。当时,历史所刚从云大分离出来不久,科研教学与云大,尤其是历史系还有许多交叉融合。我的毕业证书是后来成立的云南省社科院发的,学位证书是云大授予的。毕业后在省历史所工作三年后于 1985 年调入云大历史系。以前者计算迄今在云大有四十三年,依后者则是三十七年。标题称为"杂忆散记"意在说明仅是从个人的角度,就云大改革开放的历程陈述个人之亲历与闻见,窥豹一斑,只求其实,不敢造次求全,有所议论也只是个人之见而已。

我入学之时正值改革开放春潮涌动,科学与教育事业的春天扑面而来。云大贯彻"科学是第一生产力",教育要"三个面向",历史系一扫"文化大革命"阴霾,生机勃勃。那时的系主任赵瑞芳教授每逢系上老师开会,都要强调科研,她的一个口头禅是:"大学老师不搞科研,讲课没有自己的见解,再照本宣科,就等同死亡。"在"文化大革命"中被批判为"反动学术权威"一批老师重登讲台,他们的讲课陈述史实,脉络清晰,生动活泼,阐述理论言之有据,丝丝入扣,发人深省。有的激情澎湃,有的诙谐幽默,学生们都听得兴趣盎然。

当时中国历史学界研究和争论的主要问题有五个,即亚细亚生产方式问题、中国古史分期问题、中国古代土地所有制问题、中国古代农民起义问题、中国资本主义生产萌芽问题,人们戏称为"五朵金花"。学校和系上经常组织学术讲座,学生们闻风而来,相关学科的老师也来听,往往座

[①] 作者简介:吕昭义,男,云南大学历史系教授,博士生导师。曾先后担任云南大学历史系主任、历史与文化学院党委书记。

无虚席。主讲者讲完后，听讲的老师、学生都要发言评议，或请教，或质疑，甚至发言者之间也相互争辩起来。记得有一次李埏先生作中国古代土地所有制及商品经济的专题演讲，李埏先生毕生在这一领域辛勤耕耘，根底深厚，创一家之说，国内外高度赞誉。他演讲结束后，评议尤为热烈，有赞同，有异见。我的导师武先生也发言，他以世界历史的发展进程为据支持李埏先生的观点，并引证马克思关于商品经济如同酵母一样腐蚀农村公社的土地所有制。武先生讲话声调高昂，声情并茂，得到满堂鼓掌称赞。

在南亚领域，争议的焦点是印度社会性质。这个问题的发端始于20世纪60年代印度共产党（马列）领导和发动的纳萨尔巴里运动。印度共产党（马列）学习和运用中国革命运动经验，开展武装斗争，建立农村根据地，在纳萨尔巴里发动了以农民为主体的武装起义。《人民日报》发表社论《印度的春雷》，高度赞扬印度共产党（马列），并预言印度革命的风暴即将到来。然而，春雷响动之后风暴却久久不至。印度革命为什么搞不起来，遂成为中国南亚学术界研究的主要课题。按照当时的思维定式，要革命首先要分清谁是革命的主力军，谁是革命的敌人，谁是革命的同盟者，而要回答这些问题就必须弄清印度社会的性质。研究印度社会性质涉及方方面面，于是集中全国研究力量，采取分工合作的方式进行研究。云南省历史研究所南亚研究室负责对印度民族和土地问题的研究，我也投入其中。随着研究的深入，产生了两种对立的观点，一种认为是当代印度已经进入资本主义社会，另一种则坚持印度依然和旧中国一样还是半殖民地半封建社会。两种观点相持不下，每逢南亚学会年会必围绕这一问题辩论不休，甚至争得面红耳赤。会场以外大家都是朋友，嘘寒问暖，关照友好，会场上却是对手，据理力争，针锋相对。我的观点是印度是带有大量封建残余的资本主义社会，采取了调和的立场，却受到两方面的责难。

第三届南亚学会在昆明召开，由云南省东南亚研究所南亚研究室与云大历史系共同承办，会议主题是由对当代印度社会性质的探讨延伸而来的印度古代社会分期问题。南亚研究领域的许多老前辈，如黄兴川、陈洪进、王藻、崔连仲等先生都来了。在这个问题上更是观点纷呈，老先生们平时温文尔雅，待人宽厚，然而一旦涉及学术问题都很较真，不轻易随风苟同。

现在回想当时的这些学术研讨，一些论题难免老套陈旧，但是其意义远远超越论题本身。正是这些研讨，清洗了"四人帮""影射史学"余孽流毒，打破了"四人帮"独霸文坛，学术研究人云亦云、亦步亦趋的万马齐喑的沉闷局面，翻开了"百花齐放，百家争鸣"的华章。

谈教学，还须谈到学生。恢复高考后考上大学的七七、七八、七九届学生，大都是上山下乡知识青年，或者当知青后分工的"老三届""新三届"，即便一个班级内年龄相差也很大，年长者已经结婚生子。学生性情也各不相同，但从总体上来看有两个共同特征：一是勤学苦读，意志坚定。上大学是朝思暮想的多年期盼，机会来之不易，求知欲可用如饥似渴来形容，尽管困难重重，但心怀把被耽误的光阴补回来的劲头，抓紧时机勤学苦读。我有一个同年级的高中同学，恢复高考时已经结婚并有两个子女，他考上云南师范学院，他的妻子考上昭通师范专科学校。两人都不愿放弃入学机会，他的妻子带着一个孩子在昭通就学，他领着另一个来昆明入学。清早，他把孩子送入师范学院的幼儿园，他去上课，傍晚又领回孩子到学生宿舍，哄孩子睡后还要做作业，复习预习。寒窗苦读之勤奋，抚育孩子之艰辛，兼而有之，夫妻苦苦支撑，双双如期完成学业。

二是社会阅历丰厚，擅长独立思考。他们经历过"文化大革命"的风暴，又在广阔天地摸爬滚打，有的分工后或教书、或务工、或经商、或蹲基层办公室，人间冷暖、民生苦乐均有切身感知。如此实在的社会经历练就了他们独立思考的习性与能力，好读书而不尽信书，尊重老师但不盲从。就尊师而言，这里仅举细微小例，每天上课前轮值的学生都要打好两壶开水放在讲桌旁备老师饮用，要擦干净黑板方便老师书写。然而，如与老师在学术观点方面有不同意见也必直言评议，听校内外专家的学术讲座在提问环节均争先恐后发言，其中不乏言辞犀利的驳论。

我后来听有人评论这一代学生阅历丰富，但城府甚浅。我以为，搞科学研究需要的正是这种有社会阅历，专心耕耘学术园地，咬定实事求是不松口的人，而不是那些精心计较个人利害得失的城府深沉的人。正其如此，那几届历史系的学生学术研究风气盛行，有的在读期间就在国内历史学的最高级别刊物《历史研究》和《光明日报》学术版发表文章。

在"教育要面对世界"的推动下，云大对外开放渐次展开。我是研究印度的，写过关于印度土地和民族问题及中印关系史的文章，参加过上述关于印度社会性质研讨，但却没有到过印度，所依据的资料均来自书本报刊，是否准确可信，内心难免忐忑。1989年学校有一个为期一年的赴印度访学的名额，我有幸踏上这片花如云，歌似潮，婀娜多姿，五彩斑斓，中国与之交往三千年但仍然神秘的国度，进入德里大学历史系。我作为学术访问者，比我国驻印大使馆的人员更多一些行走考察的自由，于是利用可能得到的机会到印度诸多地方游览，走街串巷，进庙宇，逛地摊，探望贫民窟，旁观印度大选，为的都是亲自获取在书本和报刊中得不到的有关印度国情的感性知识。有一桩很小很小的事，但至今仍在我脑中画面清晰，场景历历。有一天我到一个小街逛糖果摊，远望有一堆黑糊糊的东西，我走近要看清究竟为何物。正探头过去，忽然轰轰作响，黑点四散溅飞，我大吃一惊，如弹簧般蹦开数尺。周围的印度人见我如此惊慌狼狈，都哈哈大笑。原来黑糊糊者是成群的苍蝇趴成一团，把下面的糖果遮盖得密密实实。我近视，头探得太近，苍蝇立时飞起，待明白过来，只得在一片哄笑中落荒而逃。

关于在印度访学的经历我曾写了一篇题为《印度访学杂忆》的小文，刊登在施惟达老师主编的《改革开放40年："50后"的自述》上，这里仅摘取几个片断简述如下：

我去听德里大学一位印度马克思主义历史学派老师讲阶级分析法的课。印度社会太复杂了，四大种姓之下还划分为三千多个亚种姓、次种姓，土地占有分为若干层次，从最高占有者到实际耕种者，有六七个中间人，要把阶级理论与实际结合殊非易事，学生疑问甚多。这位老师见我是从中国来的，要我讲讲中国的研究情况，我就讲了当时中国历史学界对古代农民战争研究的大体情况。学生们还是不理解，有位学生说，听了我的讲述，好像中国农民都不种庄稼，成天就是抗租抗税闹起义。细想下来，在我们以往的研究与教学中，过分强调农村的阶级关系与阶级矛盾，而忽视了对农业生产的研究。

另一桩是我遭遇的被印度报刊称为"种姓战争"的亚格拉骚乱。

要说清楚这场"种姓战争"的缘由，还得简述印度种姓制度的存续与演变。印度种姓制度起源于公元前2000多年的后期吠陀时代的瓦尔那制，在该制度下印度社会划分为婆罗门、刹帝利、吠舍、首陀罗四大瓦尔那；婆罗门是独掌宗教文化的祭司；刹帝利是武士，专事战争和管理国家；吠舍是普通村社成员；首陀罗地位低下，只能干低贱肮脏的劳动。在漫长的历史中瓦尔那制深化为阇提制，衍生出繁杂众多的次种姓、亚种姓，到底有多少个，印度人也语焉不详，大概3000多个吧。每个种姓都有固定的职业，世代承袭，种姓之间不得通婚，尤其禁止被称为"逆婚"的低级种姓男性娶高级种姓妇女。这些规定均被奉为梵天在创世之时就规定的神圣教条，天经地义，不可更改。我的导师武先生对种姓制度有深入独到的研究，他的观点是印度是在人们的地缘关系尚未取代血缘关系之时就进入阶级社会，并建立了与此相适应的国家制度。在先生的指导下，我从农村公社的贾吉曼尼制入手，将种姓制度与印度的农村公社二者结合起来考察。在贾吉曼尼制下，村社的主体是农业种姓，此外还有若干依附种姓，如铁匠、木匠、理发匠、皮革工、清洁工等，他们为农业种姓提供生产工具及各种服务，收获时则可从农业种姓获取一定量的农产物。依附种姓提供的工具和服务，所获取的农产物，其品类和数量均有定制，世世代代相沿。据此，我认为：印度古代虽然出现了分工，也产生了产品交换，但由于贾吉曼尼制的存在与延续，阻止了商品经济在广大农村的萌芽与发展。印度古代社会的稳定、以农村公社为其生存根基的传统印度文化的延续，其根本原因即在于此。历史上尽管印度屡遭外来入侵者征服，但这一基层结构并未解体，一旦战乱结束村社各个种姓回到原地，重操旧业，仍旧沿袭先辈传下来的经济、社会、文化生活。

英国入主印度后，凭借其工业化带来的强大经济力量瓦解了印度的农村公社，贾吉曼尼制出现了裂缝。人生而平等的思想传入印度，个别低种姓者接受西方教育，起而为低种姓争平等、争人权。印度建国后宪法规定所有公民享有平等的基本权利，并立法禁止种姓歧视，但要从现实生活中、从人们思想意识中根除传统的种姓歧视并非如制定宪法、宣布法律那般容易。随着工业化和商品经济的发展，各个种姓间的经济地位发生变化。过去的一些低种姓由于获得较好的发展机会，迅速改变了他们的经济地位。亚格拉的皮革种姓原来是贱民，但是随着皮革业的发展，他们集中到市区经营皮革业，其经济状况大为改善，超过了仍在农村的他们原来为其服务的农业种姓。现实与传统的反差导致了种姓间，尤其是低种姓与高种姓间的对立与争斗。亚格拉"种姓战争"即在上述背景下爆发。

　　记得那天我是到亚格拉游览的。一大早乘坐旅游大巴出发，大约九点钟左右到达，在泰姬陵转到中午一点钟，又去了沙·贾汗陵，一切都很正常顺利。但是下午三点过从沙·贾汗陵出来，情形大变。路旁军警林立，荷枪实弹，严阵以待。人们神情紧张，指点着远处悄声议论，不时压低声调发出惊叹。随着他们指引的方向看去，城内和郊区村庄浓烟升腾。我们这一车外国游客居多，得到特殊的保护，在一个陵园工作人员的引导下到一间屋子里躲避。进到屋内，才从导游口中得知亚格拉城内和郊区发生了暴力事件，已有死伤，暴徒还冲上公路，拦劫过往车辆，殴打乘客，焚烧车辆。等到七点左右，据称局面已得到控制，可以乘车返回了。暮色中我们匆匆出发，沿途不时嗅到轮胎燃烧的焦味，透过车窗可看到黑乎乎的汽车残骸，有货车、轿车。我们的车左拐右转，驶离亚格拉始加速直奔，到德里已是第二天凌晨三点过了。

　　第二天看报纸才知道详情。事件的起因是亚格拉市内的皮革种姓到郊区农村去娶亲。亚格拉市的皮革种姓富有起来了，总想利用一切机会和手段抬升自己的种姓等级。这次，亚格拉市内的一位皮革种姓男青年到郊区农村娶妻，娶的虽是同一种姓的女子，但那个村子却是仍然从事农业的高等种姓聚居区。男方组织了盛大的队伍浩浩荡荡前往娶亲，村中的高等种姓认为娶亲队伍超出了传统习俗规制，是对他们的公然挑衅，于是拦路堵截，继而发生打斗。在高等种姓的地盘，娶妻队伍自然在打斗中吃亏，城中皮革种姓就将报复施之于城内的高等种姓，郊区农村高等种姓又向尚在郊区居住的皮革种姓反报复。局部的武斗演化为种姓间的冲突，迅速扩大蔓延，相互围殴追打，抢砸商铺，纵火烧房，拦劫车辆。

　　再引述一场我所目睹的因维·普·辛格政府宣布实施曼德尔方案而引发的全国性动乱。

　　曼德尔方案是对印度建国后对低级种姓和部落民实施的保留制度的修改方案。印度宪法46条规定：国家特别照顾贫弱人民，尤其是落后阶级和部落民，保护他们免受社会歧视和一切形式的剥削。宪法授权总统确定某些种姓、部落民列入需要国家予以照顾名录。列入名录者称为表列种姓或表列部落，对他们实施保留制度，即按照其人口比例在议会、政府机构、公营企事业（包括公营学校、医院厂矿、交通与通讯部门等）为它们保留席位。表列种姓的数量有1000个左右，占总人口的比例大约为14%~16%。在20世纪70年代，留给表列种姓的保留席位占12.5%~15%，略低于所占的人口比例。但是由于受种种条件的限制，表列种姓和表列部落往往不能完全占有给他们的保留席位，其他种姓占用了他们剩余下的空额。20世纪70年代后期，表列种姓受教育者增多，收回了原来空余给其他种姓的席位。受教育和就业的竞争加剧，保留席位问题引起了人们的普遍关注，其他种姓反对保留席位政策越来越激烈，引发了频繁的骚乱。1977年英·甘地竞选失败，联合政府执政，组织了曼德尔委员会对保留席位制进行调查并提出建议。曼德尔委员会最终建议方案是扩大保留席位，将宪法中所说的其他落后阶级也纳入保留席位制度中。具体方案是，认定2700个种姓和亚种姓为其他落后阶级，实际上除了婆罗门和一些地位特别高的种姓之外，其余种姓都得以列为其他落后阶级，约占全国人口的52%。按照印度宪法规定，保留席位不得超过50%，而表列种姓和表列部落已占23%，因此建议给其他落后阶级的保留席位为27%。此方案提出后不久，联合政府倒台，英·甘地领导的国大党东山再起，将曼德尔方案束之高阁。但是，围绕着要不要实施保留制度，要不要实施曼德尔方案的争论与冲突并未间断。1985年古吉拉特邦阿默达巴德市因此爆发大规模骚乱，死亡100多人。

1989年大选，拉吉夫·甘地领导的国大党失败，维·普·辛格组建联合政府。上台不久，维·普·辛格即宣布实施曼德尔方案。这一决定好比是打开了蓄满洪水的大坝闸门，滚滚浊流排山倒海般席卷全国，支持之声、反对之声如雷霆齐鸣，游行队伍不绝于途，集会示威群情激奋，流血冲突遍及全国。德里大学卷入其中，虽然已是假期，但整个校园如蜩如螗，支持者与反对者，势不两立，都在为自己的切身权益呐喊、呼吁、奋争。我从印度报纸中得知，这次动乱中有70余名青年学生自焚，200余人死于流血冲突。10月最高法院裁决暂缓执行该方案，维·普·辛格黯然下台，联合政府执政仅11个月即匆匆关张。

访学结束，我带回三大箱搜集的档案文献复印件，更重要的收获是在感性认识基础上形成了对印度国情深切和实际的理性认识。尽管道路曲折，有险阻，有风波，甚至有暴力与流血，但印度仍在由其基本国情所决定的道路上艰难前行。切实可靠的感性认知对于基本思想观念形成极其重要，舍此，所谓的研究就将不切实际，隔靴搔痒，甚至荒腔走板。现在回看我访学前写的一些文章，本已是闭门造车，却还要指手画脚为他人出主意，想办法，找路子，自感惭愧汗颜。

云大对外开放成果显著。在我前后选派多位老师、研究人员出国留学、访学，有赴欧美的，也有到非洲、南亚、东南亚的，回校后大多在教学和科研上成绩斐然，成为各自领域的翘楚。

谈到大学，人们往往引用前清华校长梅贻琦的话："大学者，非谓有大楼之谓也，有大师之谓也"。其实，这话只讲出了一半，更重要的另一半是，要办好学校，要让学校健康发展，更需要有一位高瞻远瞩、方向明确、踏实肯干、胸怀宽广的学校主要领导人。新中国成立后，有三个时段的云大改革与开放，在我个人的印象中极其深刻。

第一个时段是高治国担任学校党委第一书记兼校长的 1960 年初至 1964 年底。我入校时他早已调离，但老教师们对他仍念念不忘，称赞他深入基层、密切联系群众的工作作风，更钦佩他甘冒风险、坚持真理、勇于承担的铮铮风骨和开展改革、真抓实干的精神。高校长于 1985 年发表《我在云大近五年的回忆》，拜读此文，更为高校长识见、胆魄、作风所感动，深深认识到他在"左"倾风潮盛行之际敢于揭示教育界存在的弊端，大力宣传和推进改革，是我国教育界改革的先行者，也是云大改革第一人，谈云大改革必须以其任职期间为开端。

高校长上任之初，正值 1959 年"反右倾"之后，一进校门就感到气氛压抑，预感今后工作困难。困扰他的难题有两个，第一个是学校工作的本质是什么，什么是学校工作中心？第二个是如何办好学校，办好学校要依靠什么力量？就前者而言，当时学校教学秩序混乱，生产劳动很多，"有时上面一句话，学生都不上课去打苍蝇了"。就后者来说，原校长李广田在"反右倾运动"中被打成右倾分子受到降职处分，一批有才华的教师继反右派后再次遭到打击，严重挫伤了他们的积极性。高校长是老革命，当过兵，打过仗，知道部队的任务就是打仗；新中国成立后搞过工业，知道工厂的主要职责就是生产。他认为，学校是传授知识与培养人才的地方，必须以教学为工作中心，要做好这一工作就必须依靠广大教师。高校长回忆说，当他把这些想法提出后，"许多同志为我捏了一把汗，担心我被戴上右倾的帽子"，但他坚持认为"干工作要从实际出发，不能只看上面的脸色行事"。经过高校长深入的思想工作，领导班子统一了思想：学校的劳动时间一定要安排适当，不是越多越好，课堂讲授是教学的主要形式。云大按照这一基本思路改革教学，经过一年实践，初见成效。学校总结经验，针对学校工作的几个根本性的问题，以他的基本观点为核心，组织撰写两篇文章，以他的名义公开发表。一篇题为《学校工作必须以教学为中心》，于1961年4月发表在《光明日报》《人民日报》转载；另一篇题为《办好学校必须推动教师的积极性》，于1961年8月在《光明日报》《云南日报》同时发表。前者指出教学是学校工作的中心，教学与生产劳动相结合并不意味着学校可以不教学，学生参加生产劳动，不能代替正常教学，更不能干扰学校的中心工作。后者则指出学必有师，老师是学校传授知识、培养人才的主体，只有调动他们的积极性，让他们摆脱种种顾虑，主动积极地投入到教学活动中，才能办好学校，为国家输送优秀人才。这两篇文章揭示了当时全国教育界普遍存在，众多教育工作者欲言而又不敢说的弊端，以鲜明的语言回答了办大学需要解决的根本性问题。文章发表后，全国教育界高度重视，南京大学校长匡亚明亲赴昆明到这所边疆大学与高校长晤见商讨办学之经验。

高校长在云大任职期间，坚持践行这两篇文章所宣示的办学根本宗旨及办好学校的基本思路，采取了多项举措，如，提出依靠"两个五十一"（即云大当时的五十一名教授、副教授和五十一名老讲师）办学；为李广田等一批在反右派和反右倾运动中遭受打击的教师的遗留问题进行甄别，实事求是地分别予以纠正、平反，召开党委扩大会议为他们恢复名誉；组织教授、副教授、老讲师每周为校领导讲课，为青年教师办外语汉语培训班；千方百计改善师生生活；等等。其间有一桩小事，足以见其切实关心群众和不搞形式主义的朴实求真的作风。当时学校有养千头猪的指标，指标达到了，但由于饲料不足，猪越养越瘦，而且为了维持指标，也不杀猪。结果是猪养了许多，而教师学生却吃不上肉。高校长了解情况后，指出养猪的目的在于吃肉，而不是达到某个指标，决定把养猪数目减少至300只，饲料充足，猪就发膘长肥，随即杀了供给学生教师。学校养的猪少了，但师生吃的肉却增加了。

高校长在其回忆文章的结尾说：

> 我离开云大已经二十年余了。二十余年来，云大的发展走了一条"之"字形的路。当年肯定的东西，"文化大革命"中被全盘否定，现在又得到肯定和发展，这说明真理终归是真理，实事求是才经受得住历史的检验。

读毕此文，掩卷沉思，钦佩之至，感触良多。实事求是，坚持真理是我们的优良传统。发现真理难，但很多时候，坚持真理是要冒风险的，更为其难。毛泽东主席有"舍得一身剐，敢把皇帝拉下马"之说，刘少奇同志强调"五不怕"（不怕撤职、不怕开除党籍、不怕老婆离婚、不怕坐牢、不怕杀头）。高校长在"左"倾思潮泛滥成灾之际，敢于坚持真理，率先垂范，为云大留下了一份弥足珍贵的精神财富。他那时所主张的办好大学必须遵循的"重教""遵师"两大原则，正是"文化大革命"结束后教育事业拨乱反正，推进改革的主要方向和基本内容。

第二个时段是王学仁任校长的时段。"文化大革命"结束后，学校各项工作逐步走上正轨，但又面临如何发展的新问题，是安于一所边疆大学的现状，还是走上更为广阔与高端的平台？当时国家教委宣布"211"发展规划，王校长与当时校领导决定将建设"211"大学作为学校工作的重点，集全校之力，推动学校建设与发展。这是一项综合工程，涉及教学、科研、设备、校园建设诸多方面，囿于个人经历与识见，这里只谈谈对教学科研起了大力推动作用的中青年骨干教师培养工作。学校根据师资队伍建设规划的要求，选拔一批中青年骨干教师作为重点培养对象，予以资金及其他条件的支持，计划经过"八五""九五"的努力，力争20年达到国家级水平。经过选拔我位列其中，我申报获准国家课题"英属印度与中国西南边疆"也列入云大"211建设规划"中的科研项目。这个项目的经费是1万元，但要完成这个课题除一般性图书资料采集外，更需要到外地尤其是西藏进行实地考察，单靠课题经费难以支撑，即便完成结题，水准也会大打折扣。幸好有学校对中青年骨干教师重点培养对象的资助（也是1万元），我得以按计划开展研究。研究期间，我去了西藏，先在拉萨到自治区档案馆采集复印档案文献，随后赴江孜考察宗山，在赴亚东途中考察古鲁，这两个地方都是1904年英国第二次侵藏战争期间藏军与侵略者血战的战场。到亚东后联系当地驻军搭车去边境绕了一圈。这一趟实地调研收获颇丰，除采集到不少档案文献外，更增加了亲临实地得来的感性认识。课题按期完成，书稿得到《东方历史文化学库》资助，由中国社科出版社出版。中国社科院近代史研究所研究员张振鹍先生评审书稿并作序，评价称："此书使用了丰富的资料，又吸收了前人研究成果，形成一家之言，可以说是对有关此一历史主题研究的一个总结和发展"；"此书在整体上超出了此前的有关论著，把此项研究提到了一个新高度。在这个意义上可以说，此书为研究整个帝国主义侵略中国边疆史做出了一个典范"。

现在看来，1万元只是区区小数，但当时正是有了这笔云大"211建设规划"中的培养中青年骨干教师的经费，我才得以顺利完成课题研究，研究成果才得到学术界的认可和重视。经过全校师生的努力，云大进入国家"211"大学之列，我个人也进入该领域全国学术研究前沿，取得开拓进取的新起点。

第三个时段是高发元任云大党委书记期间，这期间云大的主要发展成果是建成在全国居领先地位的学科。就人文科学领域而言，是民族学飞跃式的提升。高发元书记任职后，经过一段时间的调研，学校党政领导确定将民族学列为重点建设学科，一经认准目标，就真抓实干，不纠缠于无休止的争论。针对当时存在的诸种非议，高发元书记经常在学校中层干部会上打比喻解说：一只大雁飞来，众人都想将它射下来，但却为射下后究竟是红烧，还是清炖争论起来，争论喋喋不休，大雁早已高飞远飏。学科建设的机遇也如同空中大雁一样稍纵即逝，不抓紧，即落空。建设民族学科一个重大举措是组织开展遍及全国的少数民族村寨的调查。2000年云大组织进行云南省人口在5000人以上的25个少数民族村寨调查，2003年又与全国15个省区有关大学、科研机构合作开展对全国32个民族村寨调查。此次调查成果累累，为云大民族学重点学科建设和水平的提升奠定了坚实的基础。

我也参加了这项调查,带领云大的几位研究生与西藏大学门巴族教师红梅带领的该校人员组成门巴族村寨调查组,到错那县贡日乡色目村驻村调查。之所以选择到这个村寨是因为我研究中印边界问题,此地位居中印边界东段边境,打算借调查之机亲临边界考察。我们在该村住了一月余,走访村民,采集口传资料;翻阅村中记录与账本,摘录数据;观看门巴族歌舞,拍录影像资料;翻山越岭,考察高山牧场。那时我的身体还算健壮,徒步翻越海拔5000米的高山也不觉累。在这期间我们还去了边界,上至我军前沿哨所,用望远镜观看印方一侧情形。返回后与红梅老师主编《门巴族村寨调查》,此外,我还就色目村传统的"魔女"文化撰写《门巴族色目村"魔女"文化的历史人类学解读》一文,发表在我国史学理论的权威刊物《史学理论研究》上。

另一项更重要的收获是我对中印边界东段传统习惯线的切实领悟。中印边界东段传统习惯线的走向是中印边界问题争议的一个焦点,我方主张传统习惯线沿喜马拉雅山南侧坡脚行走,印度方面却以分水岭划界,并声称沿喜马拉雅山脊行走的"麦克马洪线"是"天然合理的"。此前我曾引据档案文献来论证我方关于传统习惯线的主张,但却对传统习惯线沿山脚行走而不是以分水岭划分的内在原因不甚明了,仅从档案文献中不能找到答案。这次在边境地区较长时间的驻村实地考察犹如醍醐灌顶,久久百思不得其解的疑团豁然开朗。

通过考察,我发现:中印边界的传统习惯线沿南侧坡脚行走深层次根源在于边境地区人们的经济活动时空范畴。简而言之,在中印边界东段,边境地区人们的独具特色的经济活动并不为分水岭分割,而遵循特有的高山游牧的时空规则。喜马拉雅山南侧山势陡峻,气候与植被具有明显的垂直分布和随季节变迁的特征。一年之中,春末入夏至初秋之时,高山草甸牧草丰盛,以放牧为生的山地部落赶牲畜上山放牧;秋冬之交高山天寒地冻,水冷草枯,又赶着牲畜下至山口以下的平地过冬;待来年气温上升,高山草甸再现盎然生机,他们又上山放牧。西藏地方的行政管理适应山区游牧经济的这一特征,在山区游牧的部落民下山过冬之时,管理部门下移至山脚,来年春暖花开当游牧部落从山脚平地返回山区放牧,他们也随同返回山区。历史上错那县僧俗两宗本，每年十一月当牧民下山过冬，他们也跟随下至江卡理事办公，设卡征税，待来年六月，牧民上山放牧，他们又上山返回错那。年复一年，寒来暑往，周而复始，由此形成沿喜马拉雅山坡脚行走的传统习惯线。我将这一实地考察所得之见结合历史文档写入关于中印边界问题的著作论文之中，为我国关于中印边界的主张提供坚实的学术支撑，更有力地驳斥印度方面所谓的按分水岭原则划分边界的"麦克马洪线""天然合理"的论调。我的论证与观点得到这一领域学术界的认可与称道。

孔老夫子云："学而不思则罔，思而不学则殆"，我想补充的是：思而不实亦殆矣。学术探究，如不从实际出发，一味拘泥于理论教条，同样无所建树，即便有所谓"成果"也如建立在沙滩上高楼，终将坍塌。

云大发展壮大，我也在云大的培养扶持下学有所成，取得一些成果。无论是学校的发展还是个人的进步，归根结底，都来自于改革开放。

筚路蓝缕的十年

王晓珠　饶金枝[1]

档案系的创建

1949 年以前，云南大学是一所文、理、工、农、医学科门类齐全的综合性大学。经过 20 世纪 50 年代的院系调整，云大的农、医、工都被调走，仅剩下文科、理科各四个系，即物理、化学、生物、数学、中文、历史、政治、外语。这八个系即八个学科，都偏重理论学习和研究。这样的学科布局一直沿袭了三十多年。

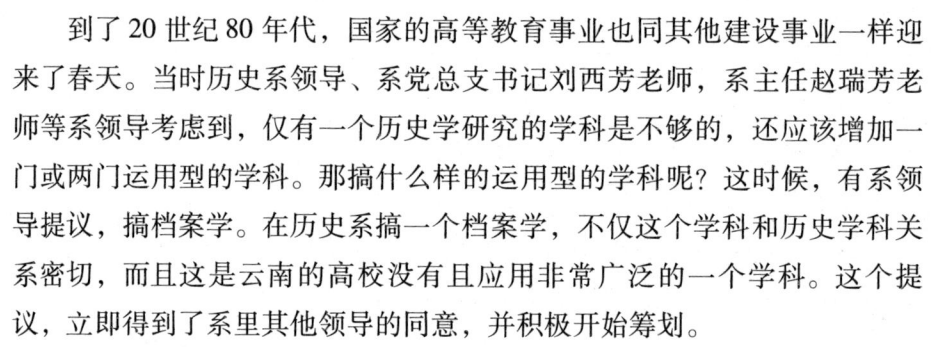

到了 20 世纪 80 年代，国家的高等教育事业也同其他建设事业一样迎来了春天。当时历史系领导、系党总支书记刘西芳老师，系主任赵瑞芳老师等系领导考虑到，仅有一个历史学研究的学科是不够的，还应该增加一门或两门运用型的学科。那搞什么样的运用型的学科呢？这时候，有系领导提议，搞档案学。在历史系搞一个档案学，不仅这个学科和历史学科关系密切，而且这是云南的高校没有且应用非常广泛的一个学科。这个提议，立即得到了系里其他领导的同意，并积极开始筹划。

系领导确定了要建设一个新的学科的计划，但建一个新的学科必须要解决两个基本问题，一是要得到校领导的支持，二是要有这个专业的教师和学生。历史系领导立即向学校主要领导提出要建设一个新的档案学科，这个计划马上得到了校长赵季的批准。按照系里的计划，专业教师先从 83 届毕业生中挑选，送他们到中国人民大学档案系进修，进修返校后，成为专业教师。然后，从 1982 级历史专业的学生中分出一部分到档案学专业来学习。到了 1984 年，历史专业 82 级的 27 名学生就正式到档案学专业来学

---

[1] 作者简介：王晓珠，男，云南大学档案馆退休教授，曾任云南大学人文学院党委副书记、情报与档案学院党委书记、档案馆馆长等职务；饶金枝，女，云南大学历史与档案学院 2021 级硕士研究生。

习。在人民大学进修的郑文、张昌山老师也回到学校，档案学专业正式建立起来了。到1985年，学校又从1981级历史专业毕业的学生中选择陈子丹、杨毅2人到中国人民大学档案系进修。1986年7月，他们进修返校，专业教师就增加到4人，档案学专业就有了基本的教师队伍。

云南大学从1983年7月招收新生开始，就明确地划分了历史和档案两个专业，让学生在填写志愿时就做好专业选择。

经过这些细致的工作和周密的筹划，初步达到了一个新学科需要的两个基本条件。

1986年4月，历史系领导认为成立档案学系的条件已经成熟，遂向学校报告，要求历史系的档案学专业独立建系。这个报告得到了校领导的批准，最后还经过省政府编制办公室的批准。批准文件表明，所需教师编制、经费都需要学校自行解决。所以，从1986年4月开始，档案学系就算正式成立了，档案学专业的学生也一起转到档案学系。学校任命张鑫昌老师为系主任，不久，又任命郑文为系副主任。

独立建系不久，张主任认为云大作为社会主义的高等教育场所，人才培养是根本，要努力为国家培养更多的适用型人才，要坚持学科发展与社会需求相结合、学科发展和学校整体发展相结合的办学理念。为了我省人才培养的需要，也从将来社会各项事业人才需要的长远考虑，特别在我们省经济、文化都落后于外省许多的情况下，更需要加快人才培养的步伐，用实际的工作行动和办学成果来践行这种理念。张主任采取电话交谈，或从朋友故交处，或到用人单位就档案学、图书馆学、信息学人才的现状、需要些什么样的人才等问题展开了调研，并结合学校的特点和师资方面情况，决定申报图书馆学、信息管理学两个新的专业。

这时的申报、审批程序比起前几年就简单了许多。因为省教委把新增专业的审批权下放回学校，只要学校认为基本具备了新办专业的条件就可以开办新的专业，而且档案系申报的这两个专业跟档案学专业一样是应用型的学科，所以报告很快就得到学校的批准。1987年7月，开始招收图书馆学专业的第一届学生，1993年7月，开始招收信息管理专业的第一届学生。至此。档案学系就由一个专业增加为三个专业，在学校成为专业较多的一个系。

1988年，经学校批准，在档案学系的基础上，成立档案与信息管理系。

档案系的教学工作

建系之初，工作千头万绪，但张主任首先考虑的第一件重要工作就是如何搞好教学。档案系的教师都是先后几年从校内外毕业分配来的高校毕业生，要让他们上好课、站稳讲台就显得尤为重要，为此，张主任采取了一系列措施来培养、历练他们。根据专业课、专业基础课、选修课的教学计划，每位教师都分配有专门的教学任务，根据教学任务认真备课，写好讲稿、教学大纲、教案等一系列教学所需要的材料，然后交给教研室主任审阅后，再交给张主任审阅。审阅完了以后，离真正上课还有一段时间，张主任会利用这段时间组织他们试讲，让系里的青年教师都去听，包括张主任也会去听。听完以后，对上课教师的仪表、板书、讲课内容、讲课语速、语言表达、逻辑推理、课时的把握等问题提出修改意见，然后再确定下一次的试讲时间。这样反复几次以后，上课教师的授课能力得到了很大的提高。张主任经常说，在课下认真准备，多花些功夫，多流点汗，上讲台后就能应付自如，多些自信，少些遗憾，少些尴尬。经过几年的锻炼，教师队伍逐渐成熟起来，讲课重点、讲课水平都有了明显的进步。在随后几次学校举办的青年教师课堂教学比赛中，都取得了好的成绩，比如说张昌山、周铭、华林老师都取得了不错的成绩，这些都跟开始上课就注重基本功的训练有密切的关系。档案系的教师队伍就这样逐渐成熟起来，站稳讲台，讲课水平稳步提升。

建系之初，张主任不断地向学校领导反映，提要求说档案系不是一个纯文科的系，而是一个文理综合的系。因为档案保护技术、档案的现代化管理、档案信息化建设都需要理科的知识和技术支撑。从这点出发，张主任要求学校按理科的生均经费拨付档案系，这个要求得到了学校领导的同意。因此，档案系的生均经费比其他文科系的生均经费要多些。同时，要求学校从理科毕业生中选拔优秀生到档案系来任教，这个要求也得到了学校的支持。如物理系毕业的吕榜珍、化学系毕业的罗茂斌、计算机科学系毕业的杨恒芬、数学系毕业的陈云山等先后来到档案系任教，这些不同学科的老师来到档案系，为档案系的相关课程教学提供了必备条件。

图书馆学、信息学这两个专业建立起来后，为了解决这两个专业的教师问题，在学校领导的支持下，从昆明市图书馆调来了吴竞波，他是武汉大学图书馆学系毕业的。又从校图书馆调来了张彦、胡立耘、何丽君等三位老师，南开大学信息学专业毕业的侯明昌、北京师范大学信息管理专业毕业的马自坤、华东师范大学信息学专业毕业的戴挺也先后分配到档案学系任教。这两个专业的教师队伍也逐渐壮大起来。同先来的教师一样，也对他们采取了相应的培训措施。

档案学系的教师队伍来自于不同学校，他们把他们学校的教学理念、教学风格、知识体系带到了云大，在云大这座古老学府的土地上又会重新绽放出艳丽的花朵。

档案系的科研工作

档案系刚成立时，张主任一方面要求教师搞好教学工作，另一方面也要求教师搞好科研工作。他要求科研工作不能急于求成，要有扎实的理论基础，长期的知识积累，还要有持之以恒的刻苦钻研精神，科研论文是一个人长期学习研究的综合结果。他要求青年教师在授课之余，在自己授课的学科内，广泛涉猎相关知识，对相关问题展开研究，以科研促教学，争取教学、科研都取得丰硕的成果。为鼓励青年教师开展科研工作，系里也相应地争取了一些奖励措施。在这样的科研氛围里，在教师本人的努力下，青年教师的科研工作也开始崭露头角。如王文光、华林、张昌山、郑文、杨毅、陈子丹等老师都先后有了自己的专著，或在专业期刊上发表论文。张主任还带领我们申请到了"中华社会科学基金"的一个国家级科研项目，即"国情教育推荐书目"。20世纪80年代，国家提倡了解国情、省情、县情，根据省情、县情来制定出一系列本省、本县的发展规划思路、具体措施的一个思想认识方法，这实际上是一种贯彻党的实事求是的思想路线的有效的学习方法。张老师根据了解国情的需要，向省委宣传部申请这一研究课题，最后这个课题得到批准。张老师主持先后召开过几次专门会议，经过研究，将要推荐的国情教育书目编成历史、经济、文化、教育、民族、政治等细目，按照细目再分组进行查阅编撰，在省图书馆、校图书馆的大力支持下，经过两年的查阅编撰工作，形成了一大批书目资料，这些资料已经是一本书的雏形。在学校学术著作、教材出版基金的资助下，1998年10月由云南大学出版社结题出版。这本书的出版，在档案系乃至学校产生了影响，为档案系的科研工作开了一个好头，关键是参与的青年教师得到了科研工作的实际锻炼。后来，档案系的教师出版了如《文件学》《档案学概论》《中国档案史》《世界档案史》《档案保护概论》《民族档案保护学》等著作，这一批档案学专著，在学校也产生了一定的影响。

在学生中，张主任也积极鼓励学生参加校内外举行的科研活动或学术竞赛。如尤中先生的博士生杨正权参加1995年的第四届全国大学生课外科技作品"挑战杯"的竞赛，他的参赛作品是《村落文化与贫困地区农村妇女生育健康服务模式》，由于作品优势明显，被组委会评为一等奖，获得了100分，占当时云大获奖作品总分290分的1/3，为学校在此次大赛中总分进入前五名立下头功，这在学校产生了很大的影响，为学校进入"211"工程带来了好的效应。又如1992级档案学专业，由于表现优异，被评为全国大学生先进班集体，受到国家教委和团中央的表彰。受到省教育厅、团省委、校党委表彰的三好生、优秀学生干部更不在少数。

档案系的教风、学风

档案系从历史系分出，很自然就带有历史系的影响，历史系的教风、学风在学校是有口皆碑的，严谨的教风、学风无不受到赞誉。因为在历史系有一大批在全校乃至全国都很知名的学者、教授，如方国瑜先生、江应樑先生、尤中先生，研究中国近代史的谢本书先生，研究世界近代史的赵瑞芳先生，研究中国经济史的李埏先生，研究历史地理的朱惠荣先生等。没有踏实的、严谨的科研精神是不会有这么大一批名人的。因此，历史系的优良传统深深地影响着这个刚刚成立的系，特别是全国知名民族史学家尤中先生跟着我们一起来到档案系，使整个系不再是那种轻飘飘的感觉。

档案系在历史系的优良传统影响下，就有了一个良好的开端。

就教风而言，教师们认真的遵守学校的教学规章制度，力争上好每一节课。就像尤中先生所说，"首先要力争当好一个教书匠"，站稳讲台。讲课力求广征博引，思维逻辑严密，语言精练优美，充分吸引学生的注意力。注意课堂上的师生互动，活跃课堂气氛。就像张昌山老师说，他上课教室安静得一根针掉在地上都听得清清楚楚，可见学生听课是何等的专注。

就学风而言，受历史系影响，档案系的学生学习非常勤奋、刻苦、努力，遵守校纪校规，尊重教师，积极组队参加学校的各种文化、体育活动，体现了较高的素质。这些学生具有基础扎实、注重务实、工作勤奋、勇于承担责任、注意团结的特点，他们毕业后，经过几年的锻炼，基本上都能成为单位的业务骨干，至今有一大批学生走上了重要的领导岗位。如苏永忠现任云南省昭通市委书记，杨正权是云南社会科学院院长，姬兴江是迪庆藏族自治州的纪委书记，范永春是云南交通技师学院（云南交通运输职业学院）的党委书记，马志宇是云南水利水电职业学院党委书记，张文芝是云南省档案局二级巡视员，龙岗是云南省档案局（馆）的副局（馆）长等，还有一大批学生担任校内外相关单位的领导职务。这些学生成绩的取得除了他们自身的努力之外，与他们在学校受到的教育影响是分不开的。

档案系的领导班子

一个单位是否兴旺发达，除了要有一个正确的发展方向以外，最重要的是还要有一个好的领导班子和行之有效的正确措施。写到这里就不得不提到档案系的首任系主任张鑫昌教授。张主任睿智豁达，从不发脾气，对年轻教师循循善诱，以理服人，做事认真细致，分析问题往往有独到的见解，出了问题主动担责，见名利就让，关心教职工的工作生活，工作放手让年轻人做。张主任强调做任何事情都要有计划，尽最大努力把它做好，同时也要做好失败的准备。这些都是张主任作为一个系的主要领导的优秀品质和一个优秀领导者所应该具备的基本素质。在张主任的领导和推荐下,后面被学校任命的郑文、王灿平、万永林包括后来到其他单位担任领导职务的人,都以张主任为榜样,努力做好领导工作,形成了档案系领导班子的团结务实、奋发向上、不推诿、不扯皮、和谐的工作作风。形成了一个具有团体意志,又有具体目标,又能使人心情舒畅的团结的领导班子,使得档案系的各项工作都能如期实现和顺利推进。

1997年10月,学校进行机构改革,将中文、历史、档案三个系合并成立人文学院,我们档案系的领导班子也就从此分散了。万永林、郑文二位老师继续留在档案系担任领导职务,张主任被任命为人文学院副院长,院长由副校长林超民兼任,我(王晓珠)被任命为人文学院党委副书记。系党总支书记王灿平调到法律系任党总支书记。后来成立法学院,王灿平又被任命为法学院党委书记,后来又被调到昆明医学院任校党委副书记一职,这是后话了。

档案系从成立到并入人文学院有10余年,这10年是档案系艰苦创业的10年,也是我们砥砺前行的10年。档案学系从小到大,从默默无闻到有一定的影响,全系师生并肩走过了一段艰苦创业之路。全系师生在学校的领导下,在自身的努力下,没有辜负学校领导、历史系的老领导对于我们的希望,为我省档案学界、图书馆学界培养了一大批事业型、管理型的人才,为我们省的档案工作现代化建设、规范化管理贡献了力量。过去成绩的取得,得益于我们云大人不畏艰难、勇于向前的云大精神,希望我们现在的系领导乘着云大成立100周年的东风,加倍努力,把现在的三个专业建设得越来越好。

第二编　桃李葳蕤：

东陆良师回忆录

抚今追昔忆师恩
——回忆云大罗秉英和徐西华老师

杨纯柱①

罗秉英老师

一

光阴似箭，如白驹过隙，转眼我退休将近一年时间了。一天清理书房，竟翻到一本2005年9月云南大学出版社出版的《治史心裁——罗秉英文集》，顿时思绪纷涌，仿佛又回到了38年前在云南大学读书的时代。

罗秉英是我的大学老师，教中国古代史。《治史心裁——罗秉英文集》汇集了秉英老师主要的学术论文。翻开这本书，秉英老师的音容笑貌又浮现在眼前。

记得我们84级历史系100多名（包括历史专业和档案专业）新生，挤在云南大学一幢老建筑一楼一间光线有点幽暗的大教室里，等着上进入大学的第一节课。

上课铃声响起，只见一位面容清癯、身材修长、腰板挺得笔直的中年老师，挟着讲义稿，健步走进教室。他面带亲切的微笑，开口的第一句话是："同学们好！"同学们愣了一下，才慌忙起立稀稀拉拉地回应道："老师好！"第二次他上课也是如此，直到第三四次上课时，大家才适应了他先向学生问好的习惯，他一句"同学们好"话音刚落，大家就整齐响亮地回答："老师好！"这就是秉英老师镌刻在我们脑海里的与众不同的印象。其他老师来上课的顺序是班长喊起立、敬礼，老师还礼，然后坐下。

---

① 作者简介：杨纯柱，男，1988年7月毕业于云南大学历史系，就职于大理州漾濞县委党校。

秉英老师，为广东兴宁市人，毕业于中山大学历史系。虽然来云南工作生活了四分之一个世纪，乡音依然十分浓郁。他操着一口粤乡客家普通话，开口第一句话就是要请同学们原谅：一是他讲课的过程中，有抽烟的习惯，多次想改，都没有改掉这个不良的习惯，因为不抽烟，他的思路便打不开，讲授就不流畅，就会显得干巴巴的，枯燥无味。二是他的普通话不好，同学们听起来会很费劲。他努力学习普通话多年，仍然没有多少改善，因而很无奈。

当讲课开始，秉英老师这口粤乡客家普通话，初听的时候，果然有些吃力，渐渐适应了，却别有一种亲切的韵味和吸引人的磁性。秉英老师的课堂向来以秩序井然为人称道，有人将其归功于他对学生严格要求的缘故，我则以为主要是他人格魅力和授课的感染力使然。

秉英老师的课讲得无疑是最棒的。他的讲授深入浅出，简约晓畅，条分缕析、重点突出，而且又非常生动活泼，风趣诙谐。不少同学都说，听秉英老师的课，可谓如沐春风，是一种让人甘之如饴的轻松愉快的精神享受。我们的班主任张跃老师多次告诫同学说，秉英老师的课史料丰富、观点新颖、前后连贯、逻辑性强，完整记录下来就是一篇篇好文章。我想秉英老师的课堂之所以精彩迭起，给人获益良多，其中起关键作用的不仅仅是他有博古通今、涉猎广泛的知识储备，也不完全得益于其独具匠心的"上挂下联，左顾右盼"的讲授艺术，更在于他对教学工作的认真负责，是对每一堂课都倾心尽力地忘我投入的结果。由此可见他备课是十分扎实充分的。

唯有如此，秉英老师才能如此得心应手、举重若轻、游刃有余地进行旁征博引的讲授。其凝结在其中的汗水和辛劳，则是难以与外人道的。可惜当年的我并不太懂得，当我明白这种教学的酸甜苦辣和获得成功背后是需要用成吨的汗水来换取时，已是我大学毕业走上教学岗位的多年之后了。

二

母校的银杏叶又黄了。2008年那个多雨的7月，告别母校二十年的我，继毕业十周年同学聚会后，再次返回母校。在毕业二十周年同学聚会的座谈会上，我又见到了秉英老师，他依然是一脸亲切的笑容。这是我毕业后，第一次见到秉英老师。二十年的寒来暑往，年近八十高龄的秉英老师已然满头霜雪，但他和蔼的面容，温润的笑意，闪烁着慈爱而睿智光芒的目光，在我多少有些沧桑意味的眼睛里，仍然一如当年给人以温暖亲切和真挚友善。大概是由于自己走出校门后的境遇不太好，工作和学习都乏善可陈，深感有些无颜面对秉英老师，我没有勇气走上前向秉英老师鞠一个躬，问一声老师好，我只是静静坐在座谈会的后排，远远地注目着坐在大圆桌对面的这位平易近人的、让我十分感念的师长，默默表达着我心里对他的由衷敬重与祝福。

秉英老师是我所遇到的最优秀的老师之一，更是我今生今世最感念的老师。早在学生时代，我就觉得秉英老师品性高洁，学养深厚，身上散发着一种恬淡通达、平和儒雅之气。但这还只是秉英老师外在的魅力，更难得的是秉英老师热爱学生，视学生为平等的朋友，尤其是他急切地欲将自己读书治学的"金针"度予学生的那种古道热肠的迫切愿望，在众多老师中，最突出，最令人感动，也最使人难忘。

其实，有的老师学问不可谓不好，亦能"讲"善"授"，与学生却很难亲近起来。究其原因，可能就是这些名师，只重视"授人以鱼"，尽管他们课讲得有声有色、精彩纷呈，可顶多就是赢得学生们的仰慕而已，而并没有赢得学生由衷的爱戴和感念。秉英老师则将"教书"与"育人"都当仁不让地肩负起来，"鱼渔兼授"，既兢兢业业"教书"，更不遗余力地"育人"。为了将刚跨入大学校园的新生尽快引领上读书治学的途径，秉英老师在重视传播知识的同时，更重视学生自学能力的培养。为了"广开自学门路"和尽可能地培养锻炼学生的写作能力，讲台上的秉英老师，除了以身示范教学生怎样读书、怎样查阅资料和作资料卡片、怎样发现问题和寻根究底地进行学术探索外，还不时穿插一些自己读书做学问的心得体会，以及从事学术研究的艰辛和乐趣。

秉英老师不止一次地强调说，学术研究，贵在创新和富有新意。创新虽然有时需要灵感的火花点燃，但更多的则需要殚精竭虑地苦苦思索，只有废寝忘食地日思夜想，才会获得"众里寻他千百度，蓦然回首，那人却在，灯火阑珊处"的惊喜。秉英老师告诉我们他自己在思考学术问题的时候，常常吃饭会想，走路会想，躺在床上也会想，有时想得过于专注和投入，眼睛往往呆呆盯住一个地方，久久都不会移动，直到夹着的烟卷烧着手指皮肉，才蓦然惊觉。为此，他的妻子曾不止一次地同他闹过小误会，质问他的心思究竟跑哪儿去啦。

秉英老师还经常拿自己治学道路上曲折坎坷的经历鼓励同学们，写文章投稿要不怕失败和不畏挫折。他说，自己读大学的时候，就喜欢写文章投稿，尽管屡投不中，仍然毫不气馁地写，从不间断地投。当年的编辑极端负责任，自己十分固执地一稿一稿地投，人家不厌其烦地一次一次地将其稿子阅后退回，自己投出去的稿子，就如同放飞的信鸽，不久又如期飞了回来。每个星期都会收到一两次退稿，以至听到班上负责传递信件的同学一叫自己的名字，就本能地想到肯定又是退稿。后来，他想了一个办法，在每篇稿子末都特别注明："稿子不用，请直接丢入废纸篓可也，千万别再费心退回"，才避免了经常收到退稿信件的尴尬。

三

有一次，秉英老师把我叫到他家里仔细询问了我的情况，又同我漫无边际地聊了一阵天。当得知我是来自大理点苍山西坡一个小山村的白族大学生，求学经历又比较坎坷曲折：上大学之前，在农村放过牛羊，在部队当过兵，还当过筑路民工时，便热情地勉励我要倍加珍惜这个来之不易的学习机会，吸取知识营养，认真深造自己，同时鼓励我要经常提笔练习写作。秉英老师说，文科生不就是锻炼一张嘴、一支笔嘛，而笔头只有愈写才愈健，正如刀子愈磨才会愈锋利。

送我出门的时候，秉英老师还一再嘱咐我，今后不论他教不教我们班的课程，学习上遇到什么问题都欢迎我随时去找他。他还再三嘱咐我：最好每一个学期至少写两篇以上文章拿给他，他会帮我看一下，指导一下。

遗憾的是，我并没有很好地把握和珍惜这个难得的学习机遇，以至荒废了大量美好的时光。特别是除老师布置的不得不完成的作业外，我大概也只在秉英老师和我谈话后不久，心血来潮地写过一篇文章呈送他评阅。多年后，偶然买到秉英老师的《治史心裁——罗秉英文集》之后，我方知道，此事曾被秉英老师写入其文章《〈中国古代史〉引导学生自学活动的三个环节》，发表于《云南高教研究》1985年第1期上。他在文章中写道："杨纯柱同学（少数民族）利用国庆放假，写了一篇题为《也是一管之见——谈谈我对历史的一点看法》的文章，二千八百余字，提出的问题也有见解。"

不分春夏秋冬，都在焚膏继晷地"笔耕舌耘"的秉英老师，在云大校园幽静的书斋里和三尺讲台上度过了大半生的岁月。自幼酷爱写作，走上教学和学术研究岗位后，他在教学之余终身笔耕不辍，发表了不少有见地的学术论文和出版了几本学术专著，在学术上亦可谓建树颇丰。

不过比较起来，我觉得秉英老师的主要精力和贡献还在教书育人领域。在这个什么都靠"炒作"和"包装"的浮躁年代，秉英老师这种只会整天埋头于书斋和讲台，老老实实读书做学问和教书育人，做人做事从来都很低调的不事张扬的学者，自然与时下四处泛滥成灾的"大师"头衔无缘。也许秉英老师算不上中国著名的历史学家，但他却绝对是他的学生心目中最好的、最值得尊敬的老师。尤其是对于我，从秉英老师身上，不只学到了知识，更学会了怎样读书和做人。惭愧的是这么多年来，由于自己的资质太愚钝和生性太懒惰，别说奢谈做学问，就连读书、教书都差强人意，甚至由于自己对形式主义的厌倦和不耐烦情绪，从而殃及我对一些自己不感兴趣的工作往往敷衍了事"蒙混"过关，真有愧于恩师的亲切教诲和殷殷期望。

四

秉英老师生于20个世纪20年代末，他教我们的时候已是五十有五的人了。由于历史的原因，在重点高等学府，勤勤恳恳耕耘了四分之一世纪，教学成绩突出、学术成果显著的秉英老师，当时的职称还仅仅只是一个讲师，理论上只属于中级知识分子。按那个年代只有县团级以上职务领导干部和副教授以上职称的高级知识分子才能享受乘坐飞机软卧待遇的规定，秉英老师赴成都、北京等外地出差或参加学术活动，都只能挤长途火车硬座。但是秉英老师并未显出心浮气躁，更没有在课堂上讲过一言半句怪话和发过什么牢骚。

秉英老师给人的印象和感觉总是那么的从容平和、安详宁静、淡泊超脱。在我走上工作岗位后，每当我遭到不公平的待遇和遇着不应有的挫折，心中愤愤不平的时候，只要一想起一生淡泊名利的秉英老师那种心无旁骛、尽心尽力地"笔耕舌耘"，其他"一无所求，别无所争"的平和心态和仁者风范，我瞬间便怒火顿熄，心气和顺了。仅从这一点上，我觉得秉英老师对我的潜移默化，可以说是深入骨髓的。

最后，还想多说两句的是大约五年前从林超民老师朋友圈得知秉英老师已经驾鹤而去，我第一时间将此消息转到大学同学微信群，同学们都纷纷留言表示深切悼念和无限缅怀，其字里行间无不充满对秉英老师的款款深情和由衷感念。一位同学说："三十多年前的往事，很多已经记忆模糊、褪色，罗老师的音容笑貌还历历在目，恍如昨日。"另一位同学说："带着客家乡音的普通话，始终洋溢着真诚笑容的脸庞，数十年教书育人，严谨治学，成就斐然。桃李不言，下自成蹊！"还有一个同学说："罗老师是我印象深刻的一位老师，认真负责、学识渊博。罗老师，天堂安好！"诸如此类留言，不胜枚举。

秉英老师的公子罗青，并不是我们这届八四级历史系的同学，但他与我们班的同学比较亲近，就作为唯一例外被拉入我们的同学群。罗青读了大家的怀念文字发帖说："谢谢大家！家父于2017年11月2日中午离开的，已经入土为安！按照家父遗愿不发讣告，不举行仪式，所以没有告知大家，也想着给大家留个念想，实在不好意思！再次谢谢大家！"罗青同学的通报让我们再次深受感动。可以说，作为谦谦君子的秉英老师的这一临终遗愿，以及他家人对其身后事非常低调的处理方式，可谓一如当年秉英老师的做人风范和谦和淡泊形象。

秉英老师，您永远值得我们学习，我们永远怀念您。

徐西华老师

徐西华老师是大学时代给我印象最深刻，也是我最佩服的老师之一。

西华老师是上海人，长得体貌富态、气宇轩昂，给人的印象总是儒雅通达，风度翩翩。我在云南大学读书的时候，西华老师已是五十开外的年纪了，可当年职称金贵，他仍然还是一个讲师。不过作为讲师，他倒确实是名副其实的，因为他特别"能讲"，并以"擅长讲"赢得了名望和尊敬。从西华老师的身上，我觉得比较生动地体现了职称只是职称而已，并不代表真正的能力和水平。在我们的印象中，只拥有中级职称的西华老师，却素以涉猎广泛、博学多才著称，是大家公认的名副其实的大才子。据说他不只是琴棋书画无所不懂，就是在阴阳八卦、气功修炼、中医之道方面，亦颇有造诣。

当时，除了在历史系讲授中国古代历史、中国古代思想史外，西华老师还开有中国古代文化史专题等全校性的选修课。不知是适逢当年中国古代传统文化史热的大气候，还是由于西华老师有口皆碑的"名嘴"效应，选修这门课的学生很多，各个系的都有。教室在能坐两百来人的北院综合教学大楼一楼北端的大阶梯教室，课时都在下午，三节课连着上。

西华老师当年的选修课，其盛况之空前和气场之强大，是没有亲临其课堂现场的人难以想象的。每次上他的课，学生都要早早预先抢占座位。他上课的时候，空旷的教室上空，除西华老师抑扬顿挫的声音缓缓流淌和悠悠回荡外，基本没有其他杂音，也极少有学生迟到早退，教室里自始至终都坐得满满当当。这样的风景，在20世纪80年代中期的大学校园，不说是绝无仅有的，也可以说是很不多见的。而当年不少教师上课，尤其是全校性的选修课，第一节课学生还较多，第二节课学生便差不多偷偷溜走一大半，待到第三节课时，学生更是稀稀拉拉，所剩无几了。

西华老师上课，最与众不同的是从来不带任何讲义及资料，空着两只手就踱步走进教室来了。站到讲台上，开口就讲起来，出口成章、口若悬河、滔滔不绝，十分引人入胜，却又绝非如个别心怀嫉妒者所攻击的那样是信马由缰、信口开河。

对我们大多数学生而言，西华老师最令人叹为观止的是，每当引证到相关资料时，他就信手用他那潇洒漂亮的行草板书，将有关古诗词和史料，完全凭借记忆大段大段地抄写在黑板上。简而言之，西华老师的课旁征博引、条理分明、说古论今、头头是道、意蕴深厚、生动有趣，更难能可贵的是，西华老师讲的课不只是起承转合行云流水，而且往往讲到最精彩处便戛然而止，转移了话题，给人留下许多悬念和遐想，犹如中国国画的空白美，让人浮想联翩，回味不已。

有一次课间休息，见西华老师一个人在教室外的草坪旁看风景，默默若有所思。

我在好奇心的驱使下，冒昧地趋上前去向西华老师请教：他那超人的记忆力是怎样"炼成"的？他头脑里竟装了那么丰富的知识，特别是那些佶曲聱牙的古文资料，想用就信手拈来，犹如探囊取物。是不是有什么特殊诀窍？我们一般人能不能也练就他这种"过目不忘"的超强本领？

西华老师看看我，有些矜持地笑笑说，自己的古文知识乃是一种"零存整取"的结果，是来源于长期读书思考的点点滴滴的日积月累，虽然谈不上什么诀窍，但要达到这样的文化知识储备，自然不是一朝一夕能够办到的，必须经过持之以恒的多年苦心孤诣地磨练。当时听了此话多少未免有点泄气的我，内心虽然更加崇拜西华老师的天赋异禀，但也慢慢断了向他学习的念头。

当年西华老师被公认为云大的两大才子之一。当时学校另一位与西华老师并驾齐驱的才子——中文系的赵仲牧（腾冲人）老师，也开有全校性的选修课，课程名称记不大确切了，大概是价值和审美价值的研究之类的。我没有选修过仲牧老师的课，也没有见过这位名师的面，但其大名和趣闻在那时学校的师生中同西华老师一样也是耳熟能详的。据选修过仲牧老师课程的同学讲，仲牧老师也很有风度，课讲得也极精彩。另外，仲牧老师的魅力还似乎来自他上课抽烟时喷云吐雾的潇洒姿态和其终身未娶的神秘感上。

仲牧老师已于2008年以78岁的天年作古。由于阅读兴趣的缘故，至今我也没有认真翻读过仲牧老师的著作，只是在报刊上零星读过他的一点古诗词作品。多年前他的"曾经千年风吹雨，又见桃花开满溪"两句诗，我倒是一读即过目不忘，记忆至今。作为同为全校公认的两大才子的西华老师和仲牧老师，不只读书做学问的理念相去甚远，在授课的方法和风格上，亦各有风采。仲牧老师讲课时持有讲义在手，平生的论文著述极多，身后留下云南大学出版社出版的《赵仲牧文集》传世，用百度搜索，网络上仅仲牧老师名下的词条目录，现已达数百个页码之多，百度找到的条目已上十万多条。

如前面提到的，西华老师讲课时，讲桌上绝不摆片纸，完全凭一张嘴和一支粉笔，在一两百人的课堂上，任意洋洋洒洒地纵横驰骋。令人纳闷的是西华老师如此博古通今、才华横溢，却从来不见他有什么文章之类的东西见诸报刊。对此，我不免深感疑惑，西华老师的许多观点是完全可以写成一篇篇颇有价值的学术论文的，尤其是他所开的中国古代文化史专题课，在我看来，只要将其所讲的内容一句不漏记录下来，就是一部很有分量的学术专著啊！他为什么不将这些学术成果整理成文，刊行于世，泽惠后人呢？

后来，我趁西华老师担任我毕业论文指导老师的机会，曾在他简陋的客厅里当面说出这个自己百思不得其解的问题。西华老师莞尔一笑回答说：自己读书和研究学问向来服膺孔子的"述而不作"理念，并不想通过什么"著书立说"来追求"立言"和"不朽"。

我听了不禁哑然，心中却颇不以为然地暗想道，倘若古代的文人学者，也是这么个"述而不作"的态度，那么我们今天，靠什么来窥见古人的思想和他们所创造的灿烂文化呢！您又凭什么来讲授中国古代文化史这门课啊！如今用百度搜索，属于西华老师的词条竟然寥若晨星，而且几乎都是20世纪八九十年代关于人体特异功能测试和关于气功练习之类的，均与他毕生从事的中国古代文化史与思想史的教学科研工作八竿子打不着。这也许就是西华老师所坚持的"述而不作"信念的必然结果。或许这对于一贯特立独行的西华老师的人生信仰和境界而言，可谓求仁得仁。但对于后世学人，未免多少是一种损失和遗憾。

1988年大学毕业之后，我就没有再见过西华老师。毕业十周年同学聚会之时，我曾向一位在学校工作的同学打听西华老师的情况。这位当时已经评上副研究员的同学，只是淡淡地说，已经以副教授职称退休多年了。我才知道，西华老师的职称就止步于副教授头衔。这位同学接着摇摇头，似乎自言自语地叹息道，可惜了，太可惜了！我再想多问一下时，却感觉这位同学似乎有顾左右而言他的意思，我也就知趣地闭了自己的嘴巴。

如今我已告别母校三十多年了，偶尔遇到后来毕业的系友，我还是忍不住习惯性地问一下这些师弟师妹知不知道云大历史系，曾经出过西华老师这样享誉一时的名师，他们都表现得十分茫然。看来，西华老师是彻底淡出了人们的视野，成为尘封的记忆。然而我还是不时想起他，并常常有意无意地拿他同仲牧老师作某种比较。

　　同样是以渊博的知识、广泛的涉猎、极佳的口才，以及风流倜傥的名士形象，令学生无限景仰的一代名师，才高八斗的仲牧老师人魂归仙山后，借其"舌耕"之余，勤奋"笔耕"所留下的皇皇巨著，其名望则愈来愈隆盛，别说本校的师生，很少有不知道其鼎鼎大名的，就是在其所研究的领域，在中国学术界，他也占有一席重要之地。而学富五车却自称"述而不作"，只是倾心于"舌耕"而不屑"笔耕"的西华老师，我虽然无法得知我们离开母校后他的详情，但有一个比较明显的事实就是西华老师基本湮灭无闻。不要说别的，就是在他长期执教过的云大历史系的师生中，如今知道西华老师尊姓大名的人，恐怕也为数不多了。而对于后来才进入母校的师生，西华老师更是仿佛从来没有存在过似的。多年以来，每念及此，我都有一种说不出的深深惋惜和感慨！

　　毛泽东曾对着滔滔的长江水，触景生情感慨地说："子在川上曰，逝者如斯夫"。不知不觉几十年的岁月，也悄悄从我身边溜走，参加工作后一直偏居一隅之地的我，始终都没有得到过西华老师的确切消息。因此也不知道西华老师究竟还健在不健在，倘若尚健在人世，至少也是九十上下高龄的耄耋老人了。我在此诚心诚意祝愿他老人家健康长寿，岁月静好。

银杏树下好读书
——忆罗秉英先生

苏国有[1]

本来,我是不打算在百年校庆征文这个时候,来写这篇文章的。因为,我既不是博士,也不是硕士,一直本科到如今,且工作30余年,跌跌绊绊,庸庸碌碌,想做的事也没有像像样样地做成,与那些事业有成、硕果累累的同学相比,我是一个很不成器的学生,以至每一次谈论起云大,我都怕有辱母校而不敢多言。所以,关于云大先生们的文章,我自然是不敢轻易来写的。

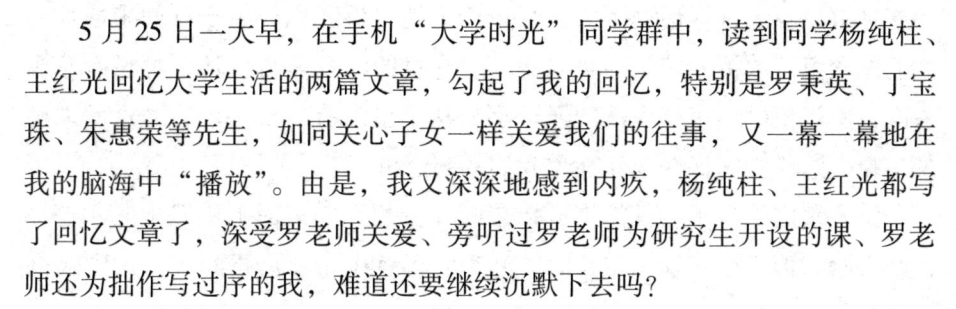

5月25日一大早,在手机"大学时光"同学群中,读到同学杨纯柱、王红光回忆大学生活的两篇文章,勾起了我的回忆,特别是罗秉英、丁宝珠、朱惠荣等先生,如同关心子女一样关爱我们的往事,又一幕一幕地在我的脑海中"播放"。由是,我又深深地感到内疚,杨纯柱、王红光都写了回忆文章了,深受罗老师关爱、旁听过罗老师为研究生开设的课、罗老师还为拙作写过序的我,难道还要继续沉默下去吗?

带领我们进入学习历史之门的引路者

我们级是1984年9月4日到校报到的,两天后,正式上课。作为历史系主干课的中国古代史,是较早亮相的。

记得上第一节课那一天,我们历史专业和档案专业的同学,在四合院西侧的一楼中间的大教室里,等待老师到来。中等身材、清清瘦瘦、目光闪烁的罗老师走进教室,站上讲台,介绍说:"天不怕,地不怕,就怕老

---

[1] 作者简介:苏国有,男,1988年7月毕业于云南大学历史系,现就职于昆明市政协文化文史和学习委员会。

广说普通话。"他说自己是广东人,普通话说得不标准,请大家谅解。之后开课。老实说,听罗老师的"广味"普通话课,至少是头一两次,我有不少是听不懂的。其后,慢慢熟悉了起来,便觉越听越有味。

罗老师为我们讲授的中国古代史课,从远古讲到魏晋南北朝。其后的课,由武建国老师从隋唐史接着讲。罗老师讲课时,具体哪一天讲什么,已经难以记起,但对我而言,罗老师的讲授毫无疑问是富有特色、重点突出、引人入胜的。我们是在罗老师带领下,一步步进入了学习历史之门的。

描述历史细节的精彩讲述。大学的历史教科书,不像中学历史教科书精练得只剩下了线索和构架,而是仅《中国古代史》就有三厚本,这多少有点让才入学的我们有点茫然。

我记得,罗老师讲课时,时常生动地讲好历史故事,激发我们学习的兴趣。譬如,讲"文景之治"时,课本引用的《汉书·食货志》原文有些不好理解,罗老师就借助手势,绘声绘色地告诉我们,由于汉初采取休养生息的政策,政治安定,经济发展,太仓里的粮食多得放坏了都没有拿出去吃,库房里的钱多得串钱的绳子都朽断了也没有拿出去用。通过罗老师的讲授,这段文字深深地印在了我们的脑海里。

讲淝水之战打了胜仗的消息传来时,晋相谢安表面上不显山露水,该做啥做啥,但心中暗喜,走路时一激动,无意中将屐齿折断了。这则《谢安折屐》的故事,也让同学们铭记了下来。

对于罗老师的讲授,"当初只道是平常"。其后,在阅读罗老师所著的《文史拾趣》第二册,以及《王羲之写字》等文时,我才深刻地感受到,罗老师是一位注重细节的力量、善于讲好历史故事的老师。正是由于罗老师高质量的讲授,才使我们感到学习古代史不是枯燥的,而是有趣的。这,大概就是不少同学从此以后,还一直喜欢《中国古代史》的一个原因吧!

紧扣历史发展脉络的系统讲授。针对中学历史往往是讲一个个孤立的事件、独立的片断,尚未形成一个从古至今相互联系、不断发展演变的体系之状,罗老师早早谋划,于无声处勤用力,在上课前印发了精心编成的《中国古代史教学大纲(上)》。

这本人手一册的小书，可能不少同学都已不记得了。但我因高中时，从地理老师手中借阅过一本教师用的《教学大纲》，为我学习这门课找到了捷径，也很有助于高考挣分，故对这本不起眼的小薄书极为珍视。这本小书，白底红字的封面，里面排版宽松，文字量不大，但对我们把握要点，特别是认识历史事件"背后"隐含的关系，起到了画龙点睛的作用。

后来，在《治史心裁——罗秉英文集》一书中看到了收录的《〈中国古代史教学大纲（上）〉说明》，我再一次感受到罗老师为教好这门课的良苦用心。而正是由于罗老师认真设计和对待每一节课，才使我们能够不断线地将中国历史的发展连接了起来，把握住历史发展的脉络，使"中国历史"真正变为了"中国通史"。

把握中国历史发展整体的立体授课。罗老师讲授的古代史课，还解决了我们未能将历史上的事件和人物，在中国历史发展中找到较为准确的定位这一问题，让我们感受到事件和人物与历史发展的相互关系。

中国古代史这门课上了没几次，老师组织我们到还在老城区的省博物馆参观。这是我首次进博物馆，也应当是不少同学首次进博物馆。在博物馆，我们看了云南原始社会陈列室等展览，记忆最深刻的是在"滇王之印"展位前，同学们听到讲解员讲述了这枚金印的出土情况及重要价值，使我们将此印与《史记·西南夷列传》的记载联系了起来，也使我们将古滇国的历史与中国整体的历史较为准确地联系了起来。

在人物方面，印象较深的是罗老师对诸葛亮的讲述，让我们心中的诸葛亮从神变回了人。由于在家乡多次听到诸葛亮的传说，我深感诸葛亮就是不食人间烟火的智慧的化身。听了罗老师关于诸葛亮治蜀的讲述，我自己关于诸葛亮的认识才丰满了起来，也才知道了历史上的诸葛亮与《三国演义》中的、民间传说里的诸葛亮差别何在。当时，我尚未知道罗老师讲述诸葛亮时信手拈来的原因，后来听同学说起，才知道，其原因是罗老师早就对诸葛亮作过深入研究，并在《思想战线》上发表过相关的论文了。

指引我们步入研究历史之门的导师

"授人以鱼，不如授人以渔。"罗老师则是从一开始，就是十分重视

"授人以渔"的。

打好研究根基。罗老师为促使我们提高自学能力，通过自身的努力早日步入研究历史之门，而采取了不少行之有效的方法。

学习利用图书馆馆藏资源，是罗老师最先要求我们要做到的事情之一。罗老师上的第一节课一讲完，就开列了参考书，其中包括恩格斯《劳动在从猿到人转变过程中的作用》一文，要我们到图书馆借阅。我生性不敏，等到图书馆借阅包含此文的书时，书已被捷足先登的同学借走了。面对我们尚未会利用图书馆这一问题，老师组织我们到图书馆参观学习。那天，老师将我们分为几个组，到图书馆借阅大厅，了解馆藏情况，学习按中国图书分类法等查找图书，填写索书单借书；到文史参考室，认识管理图书的老师，学习如何取号查书；到工具书参考室，知晓有哪些工具书，怎么利用工具书；到古籍书阅览室，见识了馆藏的"宝贝"。之后，教室—图书馆—宿舍"三点一线"成为我们在校四年的日常，文史参考室说话轻声细语的闵老师、余老师成为历史系老师之外我们接触最多的老师，工具书成为我们解决"疑难杂症"的锐利武器，古籍书成为我们历史系学生的独门秘籍。

从做卡片开始积累资料，是罗老师要求我们要养成的基本功。罗老师认为，历史学靠史料说话，历史研究靠史料积累。占有史料越多的人，越有发言权。并强调，积累史料靠平时，"累土而不辍，丘山崇成"。罗老师要求每一个学生都要做学习卡片，将自己读到的好文章或好观点及相关要素，都记在卡片上，以便日后作研究资料和提供线索。我们要么到图书馆楼下的小卖部购买卡片，要么自制卡片，大多数同学都做成了若干张学习卡片。

我们就是这样在罗老师的教导下，学会充分利用图书馆，养成勤于动手、善于积累的习惯，使"站在前人的肩上往前走"成为我们历史系学生的思考方式和行为方式的。

历史系的学生要过写作关。罗老师在课堂上反复讲，历史系的学生，既要能说，更要能写。

学习写作要从做读书笔记开始。罗老师认为，论文最有价值的是要有新思想。而新思想，常常是由一个或一串思想火花组成的。罗老师告诉我们,"好记性不如烂笔头",思想火花往往会一闪而过,不管什么时候,只要有思想火花出现,就应立即记下来。哪怕是晚上,也要赶快起床记下来,形成读书笔记。罗老师还抽查过我们的"课堂记录笔记"和"课外自学笔记",对存在的问题进行讲评,对其中有可取之处者进行表扬。罗老师发表于《云南高教研究》1985年第1期的《〈中国古代史〉引导学生自学活动的三个环节》一文,还对此作了专门介绍和总结。

学习写作没有捷径,熟才能生巧。罗老师告诉我们,写得多了,自然也就熟能生巧。因而,罗老师要求我们多读、多写。罗老师建议我们多读一读《文史知识》,告诉我们这本杂志涉及面广,信息量大,内容丰富,可读性强。特别说明有的作者是大家,不少文章是大家写的"小文章",很耐读。还建议我们有条件的同学,可订阅这本杂志,我们班还真是有好几位同学都订阅了这份杂志。罗老师还告诉我们,读史书不能读死书,要学会思考。告诫我们,不能人云亦云,如果没有新的观点,"吃别人嚼过的馍",那么宁可不写文章。

写作必须精益求精。罗老师在课堂上多次跟我们讲,写历史文章来不得半点马虎,每一篇都要精益求精,要反复修改,认真核对每一条引文,尽量避免"硬伤"。罗老师还讲"言之无文,行而不远",要求写历史文章不仅要用词准确,还要讲求文采,不能写成的文章读来干巴巴的。因而,我们的"作业"中,同学们都比较讲究用词。有位师兄说,我们系的学生,"爨""商榷"等字词是谁都知道,谁都会写会用的。罗老师还强调,写文章就是为了解决存在的问题,就是为了发表,那种想压在箱子底若干年以后再拿出来的想法,是不对的,但更强调做历史研究"板凳要坐十年冷",要耐得住寂寞,守得住清贫,不成熟的文章不要急于拿出去发表。

应重视"佚史"领域的开拓。1984年12月初,有天上午第二节课后"长休息",我们聚在一起读新贴在报栏玻璃橱窗内的报纸时,忽然看到《光明日报》的《史学》版上,《要重视"佚史"领域的开拓和研究》一文的作者是罗秉英老师。在我们心目中,《光明日报》是大报,能在上面发表文章的都是"高人""能人"。罗老师的文章在大报上刊登,使罗老师的形象在我们脑海中更加高大了起来。

随后,有一天,罗老师拿着1984年12月5日载有他文章的那张《光明日报》，给我们讲魏晋南北朝时期的正史犹如"隔子打炮"。真是的，正史从《汉书》一炮轰到西晋《三国志》，再一炮轰到南朝《后汉书》，又一炮轰到北齐《魏书》，忽视了这一时期的上百部史著，确实有"以点带面"之嫌。罗老师告诉我们，要重视"佚史"领域的开拓和研究，以获取更多史料，取得更多研究成果。

罗老师文中提出的观点，其实对我们是有影响的。我们同学后来取得的成果，确实有不少是在正史之外，注重从地方志、碑刻、档案等中，开拓新领域，取得新成果的。

罗老师讲课讲得好，上课时还有新论文发表，也使我看待老师有了"模式"——像罗老师一样，课讲得好，又有书出版有论文发表的，是好老师；二者有其一的，也不错；二者皆缺的，真让人有点不好接受。

罗老师的教学方式，较为有效地导引我们逐步进入了历史研究之门，经他推荐，我们班有五位同学（记忆中为龙登高、道金荣等）的文章，在同一期《婴鸣》杂志上发表，我想就是例证之一。

指点我走入社会之门的长辈

在历史系那些像父母一样关爱我们的老师之中，罗老师是我在四年中接触最多的老师，也是使我受益最多的老师。罗老师特别关照我的几件事，让我难以忘怀。

研究生课的旁听生。大学三四年级时，我们大部分同学的学分差不多都修满了，也就有时间可以去学习自己喜欢的东西。于是，我请罗老师的研究生韩杰试探性地问一问罗老师，我是否可以旁听他给研究生上的课？

得到罗老师欢迎我去的答复后，我高兴坏了。上课那天，韩杰、陈庆江及他们下一级的两名研究生，另加我，在北院文科综合楼三楼的一个小教室里，听罗老师讲"魏晋南北朝史学史"，具体内容为鱼豢述著、现已不存的《魏略》《典略》的关系。

真是"听君一席话，胜读十年书。"罗老师的研究生课，我因事冲突，听了几次就没有再继续听了。但这使我大开眼界，知道陈寿三国史《魏志》的撰写主要就是依据鱼豢的《魏略》《典略》，也知道经罗老师研究认为"不敢强行断'二略'为一书",还知道了对一个问题的研究不能仅仅是"知其然",还得"知其所以然",才能得出令人信服的结论。

不要害怕失败。1988年6月,我们班的毕业生分配方案宣布后,同学们都各奔前程去了。即将离校的我,有天晚饭后,从东二院走到足球场边时,遇到从东一院出来散步的罗老师一家。罗老师让家人先回去,他带我继续围着足球场散步。罗老师听我说我可能分配回乡教书,以后想边教书,边写点东西后,耳提面命,教我如何面对人生。

罗老师告诉我,他是靠写作改变了命运的。只要坚持不懈地写,得到了大家的认可,就会有机会得到发展。还以亲身经历,告诉我不要怕退稿。退上几次,自然也就知道其中的窍门了。

罗老师还告诉我,写作文章开口要小,分析要大,又要收得起,犹如一个精美的瓷瓶,做到"口小腹大底收"。写作还要注意"大题小作"和"小题大作"。其实,罗老师的"宝瓶论"和"大小论",都是老师在课堂上讲过的,只不过是这次我才算是理解了。后来,这两论成为我工作中起草文稿的法宝。

充满期待的序言。我探讨明代医药学家、音韵学家和诗人兰茂的书成稿后,专程到已迁居北院的罗老师家求序。这是我毕业后交上的第一件"作业"。送书稿时,我心中十分忐忑,不知书稿能否达到老师的要求,更不知老师是否愿意写序。

后来的事实是,罗老师不仅写了序,还在序中介绍了我,肯定了研究的价值,称拙作为拓荒性的专论。1997年,《兰茂评传》列入"云南历史文化名人传记丛书"出版时,罗老师的序,为本书增添了色彩和分量。

还好,《兰茂评传》出版后受到好评。于是,我终于舒了一口气——我的这本书,没有丢历史系学生的脸,没有丢老师的脸。

现在,每一次读这篇序,我既感到高兴,又感到要继续努力。因为我从字里行间,读出的是老师对我的期许,感受到的是罗老师在鼓励我持之以恒地研究问题,写作新著,多做有益社会之事。

人生如白驹过隙,回望走过之路,我深深地感到,我能进入云大是幸运的,能读历史系是幸福的,能遇到各位老师是幸喜的。

我出生于农家,本是放飞乡间一只鸟。在云大,《新生入学注意事项》

让我们准备书籍讲义费10元左右就可入校报到，我靠每月30元的助学金读完四年大学。大一放寒假时，我们村有个同龄人，问我在学校能不能时不时吃到肉，我回答说基本上顿顿吃肉，他却根本不相信，扭头就跟别人说："简直吹牛，怎么可能顿顿吃肉。"其实，在云大，我们靠全额助学金确实是可以顿顿吃肉的，毕业了是可以分配到工作的。

在历史系，教师阵容强大，全系有十多位教授、副教授，我们入学时全省高校中的两位博导都在本系，历史系曾出过多位杰出的学者，这让别的同学听起来就十分羡慕。

在老师中，给我们讲过中国史的有罗秉英、武建国、吴妙龄、杨德慧、丁宝珠等老师，讲过世界史的有左文华、黎家斌、许洁明、吴继德、徐康明等老师，讲过民族史的有林超民、方慧、刘晓兵等老师……老师们的言传身教，使我们在校时打下了较为扎实的基础，走出校门后能够以认认真真做事、踏踏实实做人立身。

在各位教过我们的老师之中，罗老师在上课时就给我们留下了深刻印象，而他30多年后的"最后一课"，更是让我终生难忘——据言，罗老师说同事们、学生们各有所忙，辞世时就不打扰大家了。因而，罗老师驾鹤西去时，知道者除家人外，学生只有韩杰，其他人知道的很少。其后，当在地铁上得知这一消息时，我被深深地震撼，一时不能自已——罗老师在生命的最后时刻，都是那样的无私、那样的克己为人、那样的为他人着想……

罗老师就这样冰清玉洁地走了，这使我每一次想到此事，就心怀敬仰、心怀感念。而越是这样，越让我深深地感到，罗老师其实并没有走，罗老师就像云大校园里一棵高大而挺拔的银杏树，无论是现在还是将来，都默默地注视着曾经在银杏树下学习了四年历史的我们，让我们认真做事，踏实做人，行稳致远。

忆朱惠荣先生的治学

陈庆江[①]

朱惠荣先生是贵州兴义人，在家乡度过了中小学时光。1954年考入云南大学历史系，毕业时以优异的成绩和表现，留校任教。自此终其一生都在这座学府的教学与科研园地中奋斗，成为始终不改颜色的"云大人"。他是教学名师，教学上很是舍得投入，教学风格独到，给本科生、研究生、博士生讲授的课程从来广获赞誉。他勤勉耕耘于学术园地，科研成果丰硕，著述丰厚，治学精神令人感佩！他独立撰著和参编参撰的学术著作达数十种，其中绝大多数都是在学界有着重要影响的"大书"，发表于学术刊物、文集等的文章，共计200多篇。

朱先生的科研生涯，在他们那一代人中，应该说是开始得比较早的。留校半年之后，他就与历史系一些师生一起，到四川大凉山进行了为期数月的彝族社会历史调查，结束后写成《凉山行》，这可算是科研的起步。随后两年，结合古代史的教学，撰写了《在"大中祥符"背后》《宋初河政的矛盾》《〈宋会要辑稿〉初见》等一系列读史札记。此后他在科研上逐渐登上更高的台阶，几十年里他总是对科研有着强烈的冲动，潜心探索，笔耕不辍，辞世前一年出版了最后一部书稿。

从20世纪70年代初开始，先生在科研方面所开展的工作，一件接着一件，几乎都是些"大事""好事"。这当然不是偶然撞上的幸运，机会不会无端降临，尤其是重大、重要的科研事业。这里，不妨罗列一下主要的"大事"：他参与了被誉为新中国成立后二三十年间为数不多的国家顶级项目之一《中国历史地图集》的编绘，首次完整校注中国古代地理学名著、"千古奇书"《徐霞客游记》，主编《中华人民共和国地名词典·云南省》，

[①] 作者简介：陈庆江，男，1986年7月毕业于云南大学历史系，现为云南大学历史与档案学院教授。

参与编撰《中国历史地名大辞典》，作为副主编参与国务院古籍整理出版规划领导小组恢复工作后确定的第一个重点项目《肇域志》的点校，主编《云南通史》第二卷。这些研究横跨了多个领域，广涉历史地理学、地名学、徐学、古籍整理、云南地方史。

先生强调学术的经世致用，在这方面一直做得很成功。在他看来，我国历史地理学由古代的沿革地理学发展而来，有着"经世致用"的传统，一代代的学者皆遵此传统治学；这一传统在新中国的历史地理学界反映得很典型。他认为，这个学科为社会现实服务的性质、特色颇为突出，今天的地理环境由过去演变而来，要解决与地理联系的现实问题只盯住现在的情形显然不够，须得弄清来龙去脉；历史地理研究的问题是历史时期的，但思路、观念不能局限在过去而要延伸到现在，既做出扎扎实实的研究，又有着眼于现实的思想意识，历史地理服务于现实就大有可为；他经常强调历史地理学的研究要体现人文关怀，我们研究与人的活动相联系的地理现象和地理问题，目标指向是为了现在和将来的人们，因此要既见地又见人，要特别关注人们面对具体地理环境而生发的情趣、感受、体验，深入探究人们在地理活动中形成的价值认同、审美取向、精神、思想，剖析其行为的作用、意义。

他独立进行或参与编撰的那些大部头著作，在宏观和微观两个层面，都贯穿了经世致用的思想理念。同时，他经常参加各种咨询、论证会，涉及城市规划建设，历史文化名城、名镇、名村的遴选与保护，生态环境的保护，地名的应用与管理，文物、古迹的评审与保护，旅游规划及旅游资源的开发与保护，等等。他曾明确说，自己撰写的好多文章所探讨的问题不是书斋里想出来的，而是社会提出来的，是现实所需要回答的。他针对经济社会建设发展的现实需要提出过一些好"点子"，几乎都被付诸实施，而实际上这些"点子"来源于历史地理学的研究。

先生在科研上真可谓殚精竭虑，备尝艰辛，甘于长期坐冷板凳。他在2017年8月中华书局版《徐霞客游记校注》"新版跋"中说："我习惯于按计划进行工作，自悬鹄的，经年累月，不敢稍有懈怠。月有计划，日有指标，必须完成每天的进度才能睡觉。"诚然，了解先生的人们都能举出鲜活的事例，他对待所开展的一项项大小科研工作，从来都是"不敢稍有懈怠"。以他校注《徐霞客游记》为例，从接手到完稿历经六个寒暑，青灯黄卷下度过了许许多多的夜晚，其中一段时间每天到学校图书馆使用微缩胶卷放映设备进行版本对勘，完稿时他称了称书稿，竟有7斤多。他在身体不适甚至病痛状况下，或在颇为艰辛的条件下克服种种困难坚持研究工作，也是常有的事。《中国历史地名大辞典》主编史为乐先生在该书"前言"中特意提及："云南大学的朱惠荣教授在身体受伤的情况下，抱病完成了本辞典的撰稿。"他主编《中华人民共和国地名词典·云南省》，当编撰工作进行到中期阶段时，他被学校任命为云南大学出版社首任总编，又碰上爱人生病生活不能自理，而他坚持亲自撰写大量词条，并要花功夫审改全部词条，于是好长一段时间中，他每天上午去到五华山编撰室工作，中午饭啃馒头甚至不吃，傍晚回到家中，晚上处理出版社的稿件等事务。先生对他生活了大半辈子的昆明，沉潜笃定地给以关注和研究，在好多次病痛中写定书稿并完成出版校样审改，结晶成他学术生命的收官之作《昆明古城与滇池》，他在此书"后记"中写道："我对昆明古城和滇池的研究持续了三十多年"，"我是充溢着深深的爱对它进行研究的"，"我是带着强烈的使命感进行研究的"。云南人民出版社编审、该书责任编辑冯琰在《〈昆明古城与滇池〉出版记并念朱惠荣教授》一文中回忆说：该书的出版"是伴随着朱老师一次次入院一次次出院的节奏推进的，艰难却并不缓慢"。

先生治学的严谨风范广为流传，有口皆碑。他所进行的研究，几乎都是实证性的，考证考据是家常便饭，也常常碰到硬骨头。他总是下硬功夫，啃硬骨头，不会"聪明"地绕着问题走。他说，凡治学都要求严谨，主张做学问就得步履坚实，一切求真求实，挤干水分，拿出干货，拿出高质量的精神产品奉献给社会。为此，有几点在他看来尤为关键。第一，广搜材料，严密论证。他坚持凡遇问题必在材料上狠下功夫，坐冷板凳，多方论证阐述，务求结论可靠，观点正确；提倡搜集、挖掘资料"竭泽而渔"，认真到书海里边去用心打捞淘捡，至少做到最不遗漏主要、最基本的资料；做资料工作要接触原著，力争使用第一手资料，辗转抄摘的做法似乎省力方便，却很危险，有害无益；淘捡资料时要扩大视野，逐步搜索，既关注集中的资料，又关注分散的资料，既重视保留在重要典籍中的资料，也不忽视一般文献中的资料。第二，超越自己，不炒冷饭。例如他花了好多年整理《肇域志》，文稿交付出版后，才抽出时间写了一篇总结性的文章《评〈肇域志〉》。文章发表后，《史学史研究》的评审专家感慨地说，这篇文章没有五年以上的功夫是写不出来的。他主编《中华人民共和国地名词典·云南省》期间，对民族语地名所花功夫甚多，但直到书稿完成后才写成约两万字的《云南民族语地名研究》。书稿中由于受体例等的限制而难以表达的思想、观点，通过文章阐述出来。二者合璧，互相辉映。第三，尽最大努力，力求完美。他说他写东西总要反复打磨，不断完善，因为思考、研究是无止境的。他的好多文章写成后总要放一段时间，进行"冷处理"，以后再修改发表。他举过这方面的几个例子：《中华人民共和国地名词典·云南省》从开始到出版，历时九年，统改就整整忙了四年，数易其稿，反复核补，字斟句酌。《五华山名考》一文在十多年内写了三稿。《1638～1640：徐霞客赞美的云南生态环境》一文也是在近十年内分三次写成。第四，不轻易放弃，不随便出炉。他说，搞研究一定会碰到难题，有资料方面的困难，有研究条件的限制，也有认识上的问题。有些难题一时难以解决，怎么办？绕过去吗？避重就轻吗？我的做法是迎难而上，打攻坚战。但是要做好打持久战的准备，不能急于求成，赶时髦，制造泡沫。学术问题是严肃的问题，需要严格、严谨，思考不成熟不轻易发表观点，研究不成熟不轻易写文章。他自己举过两例：《徐霞客〈山中逸趣跋〉的发现》一文写成于1991年，为了搜集徐霞客的佚文，我对这篇跋文的研究是70年代末就开始的，经过十多年的考索，才破解了一直萦绕在我脑海中的相关问题。徐霞客晚年的游踪，向有不同说法，我研究的时间更长。其间一位朋友写信征询我的观点，为了慎重，我只能抱歉地把一篇有关的学术动态寄给他，直到2001年才写成长文《徐霞客万里西游行迹考辨》。

先生特别强调实地考察，对踏勘考察总是乐此不疲，逮着机会就不放过。他认为，搞历史地理，不能只埋头书案，踏勘目击不可少，要有考察的意识和习惯；考察做得有成效，就可以帮助研究者揭示许多难解、深藏的谜；踏勘考察绝不是轻松走出书斋就行，它与赏玩性的旅游观光不同，要有备而去，先做足案头的资料搜索阅读功夫，然后带着问题去走走看看思考。只有这样，到了实地才看得懂，理得清，容易解决问题，否则很可能对脚下眼前的重要事象视而不见。另外，也不能把踏勘考察简单地理解为古今对照，那实际上有些理想化，也许有时可以如此，然而多数情形却很复杂。

他所做的一些考察传为佳话，堪称典范。此举两例：

编绘《中国历史地图集》期间，为解决一些重点疑难问题，云南大学图组编绘人员进行了一次以调查历史边界、一些古城址、古水道为基本目的的实地考察。省里为此召开了专门会议，为此次考察配备了专车并派出富有经验的驾驶员，借给了一般人难以看到的5万分之一的地图。去到各地州，都有外事部门的同志陪同配合，组织人员介绍情况，解决民族语的翻译和安全保卫问题。这次调查历时90天，到了文山、红河、思茅（今普洱）、西双版纳、临沧、保山、德宏、大理等州市，行程7500多公里。重点工作的有26个县、11个边境站，访问了汉、壮、苗、哈尼、傣、布朗、拉祜、佤、景颇等民族的206人，整理访问材料101份。那些年路况很差，很多是晴通雨阻的简易公路，有时车子要探着路痕缓缓开。行程中常遇困难，也曾发生过危险。为了赶路，有时在路边买些香蕉当午饭，边行车边吃。在盘曲起伏的公路上长途奔波，一边还要观察地形，思考问题，核对地图。调查成果丰富而有价值，搜集到一批文献资料和地图，寻访到散在各地的数十块碑刻，摸清了一批古城址和红河航运的基本情况，核查了大量小地名，从而使许多重要问题获得解决，一些原来没能读懂的资料也终于读懂了，大大提高了成图质量。

说起追寻徐霞客的游踪踏勘，他更是有许多经历。他说，每每读到霞客考察实录性的描述，他就有恨不能马上到实地去踏勘的冲动。例如，根据《滇游日记·四》记载，霞客从安宁回昆明城，没有走黑林铺、黄土坡、西站一线，而是取道草海浅水区垒筑的长堤进城，大堤"东自沐府鱼塘，西接夏家窑，横贯湖中"。"堤南北皆水洼，堤界其间，与西子苏堤无异"。霞客行于堤上，"遥顾四围山色，掩映重波间，青蒲偃水，高柳漾堤，天然绝胜"。"湖堤既尽，乃随港堤东北二里，为沐府鱼池。又一里半，抵小西门"。为了回答那长堤如今是否还有踪迹可寻、"天然绝胜"的美景发生了怎样的沧海桑田的变迁等问题，他从城里往西，和霞客走的方向相反，从小西门经潘家湾到昆明医科大学老校区，然后沿鱼翅河岸的六合村、红庙村、上栗村、下栗村、江家桥、土堆等一线勘查。这一线就是《徐霞客游记》中所称的港堤，但徐霞客那个时代河边尚未出现聚落。从土堆往西到夏家窑，就是明代形成的湖堤。他走访村中的老人，度量地势的起伏，在残存的湖堤基址上徘徊，跨越古老的石拱桥，流连于土堆至夏窑一段很多尚未垦辟成农田的港汊间，那是昆明一直保存到现代的大片湿地。他回忆说，他很庆幸有那次考察，因为昆明这二三十年来的变化实在太大，当时他亲历亲见的景观基本上看不到了，那一带现在已是热闹喧嚣的市井繁华之地。

　　先生几十年淡泊名利，苦守书斋，忠勤于科研事业，他的科研精神和科研实践行为值得后辈学人效学，他丰硕的科研成果是留给后世的宝贵财富。

难报恩师张鑫昌

海类恩①

张老师是我生命中的贵人。对于他的大德、大善和大恩，我此生无以为报……

我出生在云南省宣威市文兴乡一个偏远山村的农民家庭。自从有记忆起，就感觉这个村越来越穷。

在我1岁零3个月的时候，不幸患了小儿麻痹症，从此腿留下了残疾。

但是，既然生成一粒种子，就要做生命乐章上跳动的音符。我也要展示生命赋予我那萌发、生根、破土的力量，冲破任何阻挡，长成一棵参天大树，去拥抱生命的阳光。

很幸运，到了我11岁那年，弟弟上学了，父母让我也跟着去混混。

这实在是我生命中的一件大事。进了学校，我简直就像被困久了的鱼遇到了水，那种自由的感觉，那种能够读书的快乐，那种学习名列前茅的成就感，极大地激励着我，什么都阻挡不了我前进的脚步。

一路高歌猛进到了初中毕业，因为一心想当科学家，什么都选着有挑战的做，所以填志愿时也没顾及家庭经济及自身状况，报了当时最高难度的省重点高中曲靖一中。

结果我以宣威并列状元的成绩超过了曲一中在宣威的录取线14分。但因身体残疾，曲一中拒绝了我。我最终在宣威一中就读。

这是我追求理想的路上遭受的一次巨大打击，我已意识到残疾给我的人生道路造成的艰辛，开始担心考大学会遇到同样的问题。

进了高中，残酷的现实摆在了面前，我要克服残疾给我造成的种种困难，更严峻的是，家里穷得实在是供不上我什么钱。我先是靠借钱，后来

---

① 作者简介：海类恩，云南大学历史与档案学院1995级档案学本科毕业生，现就职于宣威市残疾人联合会。

是靠学校号召学生捐款，才得以继续学业。

好不容易，总算读完了三年高中。我的高考分数超过了云南重点录取线近60分。

但是，真是怕什么来什么。别人都收到了录取通知书，而我迟迟没有。

于是我拖着残疾之躯，在有关的政府部门之间，在我所填报大学之间，不止一次地奔走。只要给我一条求生之路，哪怕是读个中专都行。

但是，所有学校都对我关紧了冷漠的大门。

我的身心受到了极大的摧残，到了国庆节，半死不活地回到家里。

我心如死灰，承受着难以想象的绝望、愤慨和痛苦，我的每一根神经都在疼痛。晚上，常常痛醒过来，就再不敢入睡，怕会死在下一个噩梦之中。

这样熬了两三个月，我才慢慢冷静下来，开始思考下一步的路。

在奔走的过程中，我给国家教委打过我人生中的第一个电话，接电话的听我说了几句，便叫来当时的国家教委主任李铁映接电话。他说只要专业对身体没有特殊要求，比如军队和警察，任何大学不得拒绝录取我上学。还让我叫省招办的打电话向他汇报，解决我的录取问题有什么困难。他声音洪亮，说得斩钉截铁。这让我看到，头上还有青天。

我也意识到自己作为一名还未涉世的高中毕业生，由于缺乏经验，整个过程中有许多失误之处。

于是我决定：明年再考。再不录取，就进京上访。

过了春节，我拿着父亲给我借来的100块钱，重新回到母校宣一中。我的每一步都是艰难的，安顿下来没几天，资料费一缴，那100块钱就没了。剩下的日子，我是靠好心的同学们这个10块、那个20块度过来的。

经过上一年的折腾，我已懂得：单靠考个分数，是保证不了我能上大学的，得想法找点"关系"。

但是，在我家所有的社会关系中，最有地位的是我小舅，他是民办教师。这能办成什么事呢？

于是我打听，有没有宣威人在哪个大学里边当老师的，我没有其他借口，只想凭着"老乡"的名分去找找他，看他会不会发点善心什么的，帮一下我。

真是心想事成，没过多久，便遇一朋友，他在我的小本子上写下了"张鑫昌"三个字，说他是云南大学档案学系的系主任，是教授级的人物。又过了没多久，又见一同学。他说，说不定张鑫昌老师能帮我。说张老师是我们另一同学家的亲戚，两家关系很好。

我心里一振：救星到了！两个人跟我说起同一个人。

我赶紧给那位同学写信。

等啊等，终于在填报志愿前两三天，我收到了同学的回信。他告诉了我张老师家的电话号码。

我顾不及唐突，拨响了张老师家的电话。张老师声音洪亮而亲切，听我是宣威的，他对我很友好，叫我好好学，好好考，到时学校会录取的。

我能听出张老师话里边对我的善意，但心里一点都不踏实。

我又请了位在东北上大学的同学给张老师写信，替我说说话。

不过，我也不敢抱太大的希望，毕竟张老师和我非亲非故的。

身无分文、前途渺茫的日子，每过一天对我都是艰难的。

终于熬到了高考。得知分数，我便立即给张老师打电话。他听了我的考分，很高兴，说我的考分很高的嘛，还提到我有同学给他写信了。说他今年要帮助我。我喜出望外，天大的好事降到我头上了！

按张老师的指导，我找宣威市政府给我出了个证明。证明中写上了关键的两句：希望有关大学录取，若毕业就业有困难，本市政府接受解决。

拿到证明，我便去找张老师。

要去见一位教授级别的人物，心里难免几分忐忑，担心见了他怕哪句话说不好，他不肯帮我。

可见了张老师，才知所有的紧张和担心都是多余的。张老师精神矍铄，特别和蔼可亲，而且开朗善谈，这让我一下想到了唐弢写鲁迅先生的那句话"如坐春风"。

张老师约好了我所报的统计系的系领导，下午带我去见了他们。

可是到了录取的时候，我还是没被录取。

难道是天欲亡我，都到了这个份上还这样？

没办法，我只有上北京去了。不过，我从省招办工作人员的话语中读出了一些暗示，我不要急，我的问题是有可能在录取结束后，解决遗留问题的时候得到解决的。

在等待的过程中，我去过省教委主任办公室和省残联。每去一处，都按张老师指导的，不只口头说说，还留下了文字材料。

等到了9月4日省招办处理遗留问题的那天，可能是他们知道了我找过张老师的事，有工作人员接过我的表，提笔就在表上处理意见栏写下了"云南大学档案系"一行字，并且还说"海类恩，今年我保证你百分之百上大学了"。

最终，是档案学系，用她博大温暖的胸怀接纳了我。

在此，我要对张老师，要对母校云南大学，对云南大学档案学系，对档案学系的各位老师，对95档专班的同学，以及云大其他关心和帮助过我的老师和同学，衷心地表达我的感恩之心和感激之情！

毕业之后，宣威市政府也很负责，给我安排了工作。

今天，我有着稳定的工作，过着安稳的日子，特别欣慰的是，我的儿子弥补了我当年的遗憾，去年也考上曲一中。我的第二个孩子即将出生，这又使我的人生丰满了许多。

但是，我一刻也不会忘，要是没有张老师，没有云南大学档案学系，真难以想象何处才是我命运的归宿。

我真正难以用语言形容张老师在我心中的分量，也难以用语言来表达我对他的敬意和感激之情。

我只能将张老师化作一座丰碑，上面写着：大德、大善、大恩！永远矗立在我的心中，永远矗立在我的孩子、孩子的孩子、子孙后代祖祖辈辈的心中。

——为了感恩和纪念，也为榜样和教化

第三编　风华正茂：

校园生活感怀录

云南大学，我心中的圣地

李　槐①

说起我心中的圣地，那就是云南大学。

我家世居昆明，对云南大学是很熟悉的。我还在学龄前，就跟着家人到过云南大学，会泽院那高高的台阶，对幼小的我，具有很高的神圣感。

一

1983 年，经过多年努力，我终于考入云南大学，走进我心目中的圣地。

我师从著名中国经济史专家李埏教授，攻读硕士学位。

感谢我的导师李先生，把我带入梦寐以求的史学天地，得以饱览史书，开阔我的眼界。

我属于"老三届"，在读了十年书之后，"文化大革命"爆发，"十年寒窗"戛然而止。茫茫然的我，尽管酷爱读书，但家中藏书不多，社会上也难找到喜爱的书籍，相当受限。后来图书馆恢复开放，读书容易一些，自己也把中国史作为主要目标，知识是逐渐积累了，但没有领路人，学习总是不得要领。

这一切，在 1983 年改变了。

考入云南大学后，我在李埏教授和李英华教授的指导下，着重于明代经济史研究。

我是硕士研究生，身份变了，不像之前那样只能在工作之余读书学习。我可以也必须全身心投入读书学习，于是我徜徉在书山籍野里，努力

---

① 作者简介：李槐，男，云南师范大学教授，1986 年硕士毕业于云南大学历史系经济史专业。

学习。我选择了明朝王府庄田作为研究对象。三年后，各方面都得到极大提高的我，完成硕士阶段的学习，顺利毕业并获得历史学硕士学位。学习期间，我于1985年4月5日，加入了中国共产党。

1986年7月，我到云南教育学院工作，成为一名大学教师。

二

我到云南教育学院历史系工作，是历史系第一个历史学硕士。

两年后，我再次考入母校，师从李埏先生，在职攻读博士学位。同时，依然在云南教育学院任教。

从攻读硕士学位到攻读博士学位，是质的飞跃。从理论学习探讨，到史料收集整理，都有极大提高。

导师李先生的理论水平和史学造诣，深深让我折服。在李先生那里，我学到了自己享用一生的精神财富，学到了更好地报效祖国报效民族的本事。

1992年3月，我通过了博士论文答辩。感谢云南大学，感谢导师李先生。我也深知，获得博士学位，使自己肩上承担了更大的责任。

当我接过历史学博士毕业证书和学位证书时，我眼中噙满泪水。大家知道，知青"老三届"，能够读到大学本科、专科都屈指可数，自己能够读到最高学位，真是极少极少。是改革开放，为我提供了机会，是我心中的圣地云南大学，培养了我，而我的导师李埏教授，是我人生道路的指路人。

三

获得博士学位后，我还是在云南教育学院工作。1996年，我到云南教育学院学报工作，担任学报主编。

云南教育学院和云南师范大学合并，我先后担任云南师大学报编辑部主任和学报书记。

2001年，组织上任命我担任保山师专校长。

2005年，因工作需要，我离开保山师专，回到云南师范大学工作。

在保山师专任职期间，在班子成员支持下，我主要做了这些工作：

使保山师专教职员工思想观念初步改变，使中国特色社会主义和市场经济的观念尽快为大家所接受；在各级领导的关心帮助下，解决了校园滑坡问题；完成了学校搬迁的征地，开始新校园的建设；以最大力度增加学生人数；加大引进毕业研究生力度，这项工作，在云南省同类师专里是相当领先的；引导教师努力进行科研；科学合理地使用经费，归还了学校欠款，让办学经费效用最大化；教职工收入明显增加，学校的固定资产快速增长。

我到任时，保山师专综合条件列当时的四所师专最后一位，我离任时，已经跃居四所师专的首位，为后来的升本打下了坚实的基础。

四

2005年，我回到云南师范大学，任学校副职。

在我回到云南师范大学的第二个月，中央批准了呈贡大学城的建设。于是，学校党委决定我到呈贡新校区负责日常工作。我的另一项工作是协调扶贫工作。

云南师大呈贡校区基本建好，云南师大的扶贫工作也屡屡获奖。看着学校蒸蒸日上，看着校园里充满青春活力的大学生们，我心里充满了喜悦。

2009年，我退休了，离开了职场。

退休后，我发挥特长，担任了三所大学四份学报，包括母校云南大学《思想战线》的最终校对工作。这份工作看起来不起眼，但阻止了不该发生不能发生的错误，保证了学报的质量，深得编辑们的好评。

五

我是在导师李先生的引导和指导下走进学术领域的，历史学是我的钟爱，因之一直在历史学领域深耕。

在经济史各层面，我对货币更加关注，自认为是"向钱看"。相对而言，我侧重货币理论，博士论文研究白银，发表的多篇货币研究论文被人大复印资料采用。

我更大的兴趣在"历史哲学"。我认为"中国文明"并没有被准确认识，原有的关于中国文明的论著都没有能够提出合理解释。近些年，史学界"唐宋变革""富民社会""农商社会"等理论的研究得以充分展开，表明政府也意识到这个问题，允许不拘泥于原有理论模式进行研究探讨。很长时间里，在合理解释中国文明方面我下了很大功夫，也有了根本性的进展。

总之，我已年过七旬，但记忆力、理解力和学术敏感性保持得很好，也有信心做出自己期望的贡献。

母校云南大学走过一个世纪的辉煌历程，在以后的时日里，云南大学一定会取得更为伟大的成就。

云南大学，我心中永远的圣地！

求学于云南大学，效力于云南大学
——庆祝云南大学百年华诞杂忆

谭茂森[1]

一、求学于云南大学（1962—1968 年）

（一）辗转进云大

1940 年，我出生于云南省建水县古城燃灯寺街。寺中一联：大肚能容，容天容地容天下不容之事；开口便笑，笑古笑今笑世上可笑之人！从小受到此联熏陶，可谓"容笑"入世。

1947 年，进入建水二小启蒙，后期连当班长。全县统考，名列前茅，奖得《四角号码小词典》。可谓少而更事。

1954 年，考入建水一中初中。曾在学校少年先锋队任大队长，参与组织空前绝后的"五校大联欢"盛举。可谓少年得志。

1957 年，考入建水一中高中。多为共青团总支委员、学习委员。学业方面，理科见长，数学尤甚，文科见短。曾发现一小小数学规律，被戏称为"谭式定理"。可谓茁壮成长。

1960 年，考入（大理）滇西大学矿冶系，校长刘绍文，老资格，喜文史，知我来自古城建水，尝召与会，相谈甚欢。可谓"一见如故"。

1961 年，滇西大学撤销，并入昆明工学院，读采矿系，任学习委员。此种撤并，可谓始料未及。

1962 年，因有眼疾，系领导力主转科转校，旋入云南大学历史系学习，任劳动委员。可谓辗转曲折。

---

[1] 作者简介：谭茂森，男，云南大学历史系退休教师。

滇西大学，昆明工学院，云南大学，本科学习，连读三校，闻所仅闻，见所仅见！

转去转来，九九归一，从此，开始了求学于云南大学时期！

(二) 校系之领导

云南大学党委书记兼校长高治国：南下干部，思想开明，熟谙教育规律，深得师生员工拥护。后继者胡泮生，与其前任一脉相承。

云南大学副校长（曾任校长）李广田：文学大家，著名高等教育家。与高治国恰为"黄金搭档"，继老校长熊庆来后，共同创造云南大学历史上第二个"黄金时代"。

云南大学历史系主任张德光：历史学家，兼云南大学教务长，与李广田配合默契，实为其左膀右臂。

云南大学历史系党总支书记李淑兰：南下干部，德才兼备，平易近人，和蔼可亲，了解师生，深孚众望。怎见得：我们不称她李书记，而叫她李同志！何等亲切！犹如"亲戚"！

……

有此优秀领导，云南大学幸甚！师生员工幸甚！历史系更幸甚！

(三) 教学与科研

公共课有政治、外语、体育等；专业课有中国通史、世界通史、历史文选等；选修课有多门，不便一一备叙。

教授有张德光、方国瑜、江应樑、李埏、马开樑、李为衡、赵春谷、武希辕、张家麟、马忠民、董孟雄等，皆为学界名流，史学名家！

每讲授，或一板一拍，一字一句；或引经据典，言语幽默，均诲人不倦。

每听课，或全神贯注，洗耳恭听；或如痴如醉，忘了笔记，均学而不厌。

教与学中，尽力遵循著名教育家陶行知言：千教万教，教人求真；千学万学，学做真人！一个"求真"，一个"真人"，一个"真"字，何以求得?！

至于我，因从理工转学文史，只得重起炉灶，勤学苦练了。诚所谓：书山有路勤为径，学海无涯苦作舟！我的心中，唯有两字：勤！苦！

科研方面，因为政治运动接二连三，我们终无毕业论文之类。我前半生颠沛流离，甚至户口、档案均失！不知怎的，却意外保存了一篇"学年论文"，题为《资本主义类型社会还是社会主义类型社会——试分析现代印度的社会性质》，万余言。今日观之，难免带有阶级偏见和时代局限！现在提起，只是重温故事、孤芳自赏而已，无他！

（四）生产与劳动

根据教育方针："教育为无产阶级政治服务，教育与生产劳动相结合"，学校办有内农场、外农场、龙潭农场等，师生必须定期参加生产劳动。

某年夏天，奉学校命，按制，我班32人，背着行李，先乘公交，后徒步约10公里，往昆垣筇竹寺前龙潭农场，劳动两周。白天干活，欢声笑语；夜里安队，沉入梦乡！

返校当日早上，糟了！乌云滚滚，电闪雷鸣！男生各背行李，急步而行。我则从小劳动，可以为常；而又身为劳动委员，责无旁贷，情急之中，找根扁担，挑起全班5位女生及我共6包行李，登程就道，急急而行。少顷，瓢泼大雨，倾盆而下！我等均无雨具，霎时全身湿透，更为要命的是，前不巴村，后不着店，唯有冒雨，艰难向前。

一路奔波，至筇竹寺：右有大路，虽好走但路远；左有小路，虽难行但路近。众意：决走小路！然而山洪暴发，淹没路基，幸有两位高个男生，一前一后，扶着我担。我左肩挑，你在前他在后；我右肩挑，他在前你在后；好似《精忠说岳》里的两员大将："马前张保，马后雷横"！一瘸一拐，折腾多时，好不容易，终到山下，赶上公交，安抵学校！此时，银河仍在倒泻，未识泻了多少"厘米"！

此等"经风雨，见世面"之举，比诸先贤先烈，诚然不足挂齿！但能否说，对于我的人道主义、民本主义、苦行主义、大同主义等的思想，有些许促进！诚如战国时邹国人孟轲所言：苦其心志，劳其筋骨，饿其体肤！

二、效力于云南大学（1980—2000 年）

（一）潜心于教学

1980 年，我已年属不惑，回历史系，在中国近现代史教研室，主讲中国近代史，李为衡教授为我导师。我"尊师重教"，即尊敬师长，重视教学。两年时间，夜以继日，编写讲稿，熟悉教材。其间又当系办公室主任一年，故人多称我为"谭主任"！

教师，阳光下最好的职业，人类灵魂的工程师！少时，我家祖屋正厅之上，挂一直匾，上镌六个金色大字：天地君亲师位；中学六年在建水文庙正殿屋檐之下，悬有三个桌子大的金字："先师庙"，又悬硕大金匾："至圣先师""万世师表"！大教育家孔老夫子，被联合国尊为世界名人！

一个"师"字，何等荣耀，但开责任至钜，因要教育各项人才，更要塑造人们灵魂！

在教学中，遵循昌黎先生："师者，所以传道、授业、解惑也"，本着"详其（书本）所略，略其（书本）所强"之原则，力求观点正确，内容丰富，方法生动，课堂活泼。以观点统率材料，以材料证实观点，尽力做到思想性、知识性、艺术性、可听性等，有机结合。因此，讲课很受学生欢迎。

如讲课后，学生反映："讲课生动活泼，讲历史和人物，如数家珍，娓娓道来，学生学到了知识，增长了见识。"（按：凡有""者，均有文字依据）"我听了你的课，真是如痴如醉，听了中国近代史课，远远大于读一本教科书的收获。谭老师，我爱您！"讲了中国教育史后，有位同学表示："希望以后能再上谭老师的课！"有位女生，特地写来一封发自内心的、热情洋溢的信，说道："了解学生、关心学生，是您教育上的一大特色，可以看出老师您，非常热爱自己的职业，敬业的思想，可以说是根深蒂固！"信的最后一句话："人这一生，要遇到好老师很难，遇好的大学老师则更难！"以上所引，难免溢美之词。但是，忠诚党的教育事业，却是我身体力行的座右铭！

（二）醉心于科研

马克思："科学绝不是一个自私自利的享乐。有幸能够致力于科学研究的人，首先应该拿自己的学识为人类服务。"（引自《回忆马克思、恩格斯》，第68页）

著书立说，流传后世，谓之"名山事业"。所谓"藏之名山，传之真人"，是也！太史公作《史记》，流传至今，乃至流传万代，更是也！大凡文人雅士者，皆由此宏图大愿，我为教师，也该有些"微图小愿"的吧！

我教中国近代史，知维新派思想大家、近代大才子梁任公，在世不满一甲子，却夜以继日，仰屋著书，给后人留下了一千五百万言《饮冰室合集》。单说《少年中国说》："美哉我少年中国，与天不老！壮哉我中国少年，与国无疆！"何等文采！何等激昂！我已年届不惑，唯有奋起自追！尽管追不上，按理也得追！我先后写了《论梁启超的反袁斗争》《孙中山经济现代化思想》《云南护国起义》等。

我教中国教育史，写了《中国教育史纲要》，甚至被师范院校沿用。

后来我参与《云南大学志》十卷本编写工作，该书为前校党委书记吴道源同志任主编。从此，二十年如一日，编学校史成我科研重点。我的校史初稿曾在校内刊物《云大史话》连续三年发表。因此，我被戏称为"专栏作家""校史专家"。

1994年春，《云南大学志》副总编、离休干部许建初老先生，亲到寒舍，就谭茂森所撰初稿协商之后，行成专文，作"备忘录"，永远保存！

1996年，正写云大志时，昆明医学院——由云大医学院独立而成，知我写志，该院党委发文，定《昆明医学院校史》主编、副主编，我为"特邀""外聘"的二副主编之一，担负"云大医学院"部分的写作任务。从此，又云大志，又昆医志，一身而二任焉！

1998年，我在查阅资料时，惊悉鲜为人知的一大发现：1932年成立云大医学院时，就有1933年成立云大医学专修科的史实！我穷追不舍，穷源溯流，把医专科的来龙去脉，搞得一清二楚。接着，夜以继日，奋笔疾书，草成六万字的《云南大学医学专修科史》，上呈昆医，昆医领导人等如获至宝，大喜过望，即以此稿为主，配与他文，不惜成本，编成《昆明医学院·校史研究·创刊号》刊行，不料竟成"独刊""孤本"。近查网络，此120余页的《校史研究》，"标价"竟在每页120元至380元之间！此刊影响，可想而知！

2002年，不知怎地，"鸿篇巨制"《中华谭氏通志》总编谭结实，突然来函，聘我为该书编委之一。因属公益，我曾两次自费赴秦省咸阳、粤省韶关，商讨书稿事宜，又委我为该书中国南方部分修改、定稿人之一。我远距离授命，不敢懈怠！

因写《谭志》，考查得知：谭氏始祖谭子，名姬孝，字贤礼，春秋时齐国章丘人（今山东济南东）。曾为谭国国君，倡导"抑曲扶直，激浊扬清"。是为中国谭氏"开族立姓"的先祖！冥冥之中，不禁想起，我的人生，我的人性，是否与始祖"抑曲扶直，激浊扬清"有"意念"呢！甚至友人拿我名字说事：谭茂森者，或为"谭慕僧"，或为"唐僧"！故虽有"菩萨心肠"，也得有"九九八十一难"！说得神乎其神，玄之又玄！

1997年，云南大学下发了相关文件，评我为正教授。

（三）退休欲不休

2000年，我已年届花甲，孑然一身，无牵无挂。按制，"衣锦荣归，告老林下"。填《退休登记表》"有何要求"栏时，我只写了自谓"得罪于天下"的诸葛丞相的八个字："鞠躬尽瘁，死而后已"。

其实，还在1997年时，我就写过未刊短文：《生当为国家效命 死当为国家捐躯》。文云："余谭茂森，年近花甲，孑然一身，无牵无挂！尽忠报国，九死一生！尽孝报民，如效犬马！躯体受之于父母，当全受全归！灵魂受之于国民，当洁来洁去！"区区此心，唯无可表！

临退之时，愿效"非常之人，超世之杰"《三国志》曹公："老骥伏枥，志在千里；烈士暮年，壮心不已！"

2001年，曾为中共云南省委党校本科班开设邓小平理论文选课，编写教学大纲，讲课40学时。

同年，应邀到解放军驻昆部队某师，给团及团以上干部作胡绳《从鸦片战争到五四运动》一书辅导。为此，编写《辅导提纲》三万余言。直到心力交瘁，病入膏肓……

种瓜得瓜，种豆得豆。《颜氏家训·勉学》："夫学者，犹种树也。春玩其华，秋登其实。春华也，秋实也。"天道酬勤，苦尽甘来。

2001年，《昆明医学院校史》出版，100万字。任副主编的我，撰写云南大学医学院部分，近30万字。新中国成立之前，云大共有五个学院，独我写出医学院史。其他四个学院史，尚待来者！

2007年，《云南大学志·后勤卷》出版，38万字。我写部分约三分之二。

2007年，《中华谭氏通志》出版，194万字，分上、中、下三册。我为主要编委之一，"出力"不少，奖得较多，共五大部15大册。据说，此是全国"姓氏志书"之首之最！

2017年，《谭茂森文存》出版，26万字，主要选录我有代表性文论。《谭茂森文存》得以面世，赖我同窗好友、云南大学前副校长、云南省国学研究会会长林超民君，他的鼎力相助，四处张罗，用心良苦，不遗余力！

2020年，《云南大学行政后勤管理综述》问世，80万言。此书刊行，云南大学档案馆馆长李怀宇、党史校史研究室主任雷文彬等，出力尤多。一般学校志书，几千篇一律，多以教学、科研为主。此书专述行政后勤事，为海内所少见，是为开创之作！

同年，我荣获"红云园丁奖"。这是对我的鼓励！这是对我的鞭策！我将不遗余力，直到最后一息！

云大之恩恩重如山，云大之情情深似海。云南大学百年华诞，恭祝我的母校：树大根深，枝繁叶茂，繁花似锦，万古长青！桃李满花园！桃李满天下！

忆昔作少年，风华正茂时
——云南大学学习生活剪影

周　玲[①]

母校云南大学即将迎来 100 周年华诞，恰逢自己从母校毕业 38 年纪念。追忆往昔，恰同学少年，风华正茂，激情飞扬。四年的大学生涯虽然只是人生旅途的一朵浪花，但却时常让人泛起回忆的涟漪，难以忘怀。

我们上大学的时候，正是中国刚从"十年浩劫"中苏醒，结束了混乱压抑的年代，迎来百花齐放、自由奔放的 20 世纪 80 年代。人们充满希望，富有理想，饱含热情，拥抱一切。生活在那个时代的我们，带着对大学生活的期待，对知识的渴望，对理想的追求，对未来的憧憬开始了大学生活。

1981 年 9 月初的一天，我随头一年已考上云南大学的一位师姐到了学校，开始了我的大学岁月。走进校园，银杏路走一走，钟楼边转一转，会泽院瞧一瞧，四合院看一看，沉浸在心中大学校园的景象中不能自已。到新生接待处报到、注册，办理入学手续，与班主任见面，和班上及同宿舍同学互相认识，抄课表，找教室，开班会，发校徽，大学学习生活由此展开。尤其是校徽发下来的时候，被我们视若最珍贵的东西，戴在胸前就一刻也不愿取下来，逛街的时候还故意把胸口挺起来，让别人知晓我是"云南大学"的学生。甚至在第一年春节回故乡探亲时，校徽也照旧别在胸前，那种自豪、骄傲、自信的感觉，是难以用言语来表达的。

刚进大学时，年轻的我们对一切都那么好奇、好学。记得大一时跳舞、听音乐和看露天电影，是最快乐的时光。跳舞先是跳集体舞，在学校操场上，同学们在青春舞曲的伴奏下，跳起步伐整齐的十六步、二十四步

[①] 作者简介：周玲，女，云南威信人，历史学学士，昭通学院教授，科技处处长，云南大学 1981 级历史系历史专业学生，现主要从事云南地方史、中国近现代史的研究。

等。后来又开始跳交谊舞，一男一女同学互为舞伴，在优美的音乐伴奏下翩翩起舞，什么三步、四步、探戈、伦巴等在学校星火燎原，一发不可收拾。先是校学生会在操场、会泽院前厅、食堂餐厅举办舞会，后来由各系组织，再后来借一间教室，拎来一台录音机，桌子板凳放在墙边，便陶陶然翩翩起舞。听音乐却没有跳舞那样自由自在，课余在宿舍里，用饭盒录音机放着世界名曲、港台流行音乐、大陆流行音乐等，陶醉其中不能自拔。但要欣赏邓丽君被称为"靡靡之音"的歌曲却不能公开，只能够在宿舍里紧闭门窗，音量放小一点悄悄欣赏。今天随时随地都可以欣赏"阿哥阿妹情谊长，好像那流水日夜响"情歌的年轻人，简直难以想象当时我们躲在宿舍听歌的情景。看露天电影是最快乐的事情，周末晚上吃了晚饭，赶紧端着小凳子到学校篮球场占领有利位置，急切地等待着电影开演，有时候去晚了只好在屏幕背面观看。不仅看国产片，也看了不少外国片，让我们大开眼界，很多同学聚集在操场看露天电影热闹的场景至今仍记忆犹新。再有是大三时，我们在翠湖边的茶馆里看电视连续剧的情景也历历在目。当时我们班的教室在会泽院，每天晚饭后我们都要到教室上晚自习。记得那时电视上正在播放我们那一代人的偶像山口百惠和三浦友和主演的日本电视连续剧《血疑》，我和班上的几个同学总是在晚饭后先到翠湖边茶室买了票占好位子，急切地等待每晚两集的日本连续剧的播放，每次观看都随着剧情心潮起伏，常常为剧中人物幸子的命运多舛哭得稀里哗啦的，看完之后平复心情才回到教室接着上晚自习，观剧和学习两不误。

　　大学二年级校园里轰轰烈烈的勤工俭学更是热闹。当时我们并没有经商意识，而是觉得做买卖挺有趣，都想一试身手。那段时间，食堂门口的广告牌上常贴着："××宿舍为你提供豆花米线""××宿舍为你洗衣服，价格便宜"……大家都一哄而起，甚至生意做到了食堂门口，男女同学摆一些凳子，上面放着装有凉拌菜的盆，大声吆喝着叫卖。更有趣的是，平时大家抱怨食堂的师傅们卖菜时勺子要抖一下才倒在我们饭盒里，而这些卖凉拌菜的同学更精明，舀菜的勺子甚至要抖三抖，再倒在你的饭盒里时菜就没多少了。我和班上的同学没有加入卖凉菜的行列，而是借了一间房子开咖啡屋，课余轮流值班。我们卖的饮料中有牛奶、咖啡，小吃主要有瓜子、蛋糕。咖啡和瓜子是由同学从德宏边境买来的缅甸咖啡、缅甸瓜子。缅甸瓜子特别好卖，每小袋瓜子都装有一张印有港台明星，尤其是女明星的广告，不好吃零食的男同学也爱买，不知他们是真的喜欢吃瓜子呢，还是喜欢袋里的明星照片？

大学的学习紧张而忙碌，同学们都很珍惜大学四年的时光，叶帅的"攻城不怕坚，攻书莫畏难，科学有险阻，苦战能过关"牢记在我们心里，大家学习上争分夺秒，奋勇争先，每天忙忙碌碌地奔走在"三点一线"上，即宿舍—食堂—教室（或图书馆）。我们从东二院的宿舍到校本部教室或图书馆要走十五分钟左右的路程，上课的教室或是会泽院，或是四合院，没有固定的教室，所以每天上下课时大家都像是打仗一样，匆匆忙忙的，都争着早到教室坐在前面的座位上，能清楚地聆听老师们精彩的讲课。当时的云南大学历史系有一批学识渊博的大师，如方国瑜、尤中、木芹、谢本书、林超民、江应樑、朱惠荣等先生都是著名的学者，我们为能够作为他们的学生感到非常幸运。也正是灿若星河的大师们的筚路蓝缕、开拓奠基，才使得云南大学历史系在全国高校中有一席之地，我们为能够在历史系学习也感到骄傲和自豪。大学老师们的为人师表的品格、学富五车的学识、诲人不倦的教风都给我们留下了深刻印象，他们不仅向我们传道、授业、解惑，而且以自己的人格和品质去感染和影响我们，要我们诚恳做人，踏实做事。我今天能够成为云南省高等学校教学名师，取得一点点成绩，以梦为马，不负韶华，与母校的培养和恩师们的教诲是分不开的。

20世纪80年代的大学生是有追求、有理想、有抱负、有爱国热情的青年一代。记得1981年秋的一个晚上，我和宿舍的同学正准备休息，突然外面传来了人群喧闹的声音和叮叮当当的敲碗盆声。我们忙穿上衣服出去一看，一大群男同学手上举着用扫帚和拖把充当的火把，用木棍敲击着脸盆和口缸。一打听原来是中国足球队以3：0战胜科威特队，于是大家自发地组织起来准备上街游行庆祝。我和宿舍的同学都没多想，拖鞋也顾不上换，就加入到游行队伍中，看到男同学们兴奋的脸庞，我们也深受感染，跟着他们欢呼雀跃，兴奋之情溢于言表，爱国激情热烈迸发。还有一次游行是在中国女排获得世界杯冠军的时候，我们学校和昆明其他高校的同学一起走上街头，大家高喊着"振兴中华"的口号，每个人的脸上都挂着兴奋的笑容，很多同学甚至激动得泪流满面。游行队伍一直走到昆明的邮电大楼，向巾帼英雄们发了贺电后才返回学校。回到宿舍才发现，有的同学脚磨起了泡，但一谈起刚才游行的激动情景，大家又都把疼痛抛到了九霄云外。

忙碌而充实的大学四年很快就过去，大四时的社会实践、考研准备、毕业论文答辩等，一切都是那么自然有序，甚至于临近毕业，自己才恍然大悟，时间都到哪儿去了？1985年7月，当母校"三八路"的银杏树开始披上秋色的时候，我们结束了四年的大学生活，怀着一种复杂的心情告别了校园，与和蔼可亲的老师、同窗四载的同学、相濡以沫的舍友分别了，大家一下不知所措，内心复杂而纠结。当看到同学相继离开校园，一个个身影逐渐消失在人群中，每个人的心中都是离愁别绪，依依不舍。

如梦如幻的20世纪80年代，那是一个激情飞扬诗意迸发的年代，是一个开放包容充满情怀的年代，一个思想自由奔放百花争艳的年代。虽不完美，也不富裕，但内心很富足，虽然清平，但气质不凡。今天我们每每念及，无不唏嘘慨叹。如果要形容那时的大学生活，我觉得就是：年轻、好学、情怀。如果用几个词来概括那时的大学精神，那就是自强不息、追求真理、赤诚报国。无论岁月如何流逝，大学生活情景终生难忘，母校魅力风采永驻我心。祝愿母校百岁生日快乐，蒸蒸日上，再创辉煌！

云南大学记趣

黄燕玲①

儿时，云大是我欢乐的海洋。

那时候，校园内到处是一排排低矮的白蜡条树，每到夏天，树上会有许多的铁豆虫，据说吃了铁豆虫的母鸡特别能下蛋。于是吃完晚饭，小伙伴们便拿着手电筒和一个空玻璃瓶子，到固定的白蜡条树下捉铁豆虫，东方红宿舍楼（现位于一食堂对面）下每天晚上都会响起我们快乐的笑声。捉铁豆虫需要两个人配合，一人用手电筒照着，另一人轻轻扒开白蜡条树枝，迅速将已睡着的铁豆虫捉住，放到玻璃瓶里。铁豆虫捉完了，跑够了，玩累了，大家便带着各自的"战利品"回家，将已熟睡的母鸡们弄醒，看着它们将铁豆虫吃完，自己也就心满意足地睡去了。至于母鸡们到底肯不肯下蛋，那就是大人们的事了。

秋天最快乐的事，要数苹果园（现北院）的苹果熟了的时候，三五成群的小朋友们相约来到果园，设法骗走看园门的老头，一窝蜂地冲进果园，然后两人一组分头行动，等老头反应过来进来抓人的时候，小伙伴们已经钻进了北院教授楼群（现云大附中）阡陌的小巷中。最后大家按计划到钟楼下会合，将偷来的苹果、梨等拿出来一起分享。

对于儿时的我来说，最神秘的地方莫过于云大的钟楼。每当悠扬的钟声在校园上空回荡的时候，我总想到钟楼里看个究竟，并亲手敲一下大钟。一天，姐姐发现钟楼的木门没上锁，大家便悄悄地钻进去，顺着楼梯往上爬，也许是年龄太小，爬到一半时，我竟然不敢动了，既不敢上也不敢下，站在钟楼里大哭起来。这时敲钟人出现了，这是一个和蔼、慈祥的老爷爷，他将我们一个个抱下来，并告诫我们，以后谁也不能再上钟楼。

---

① 作者简介：黄燕玲，女，云南大学历史与档案学院1983级档案学本科毕业生，现就职于云南省档案局。

此后每当又听到钟声响起的时候，我总会想起那位慈祥的老爷爷，以至后来读《巴黎圣母院》时，我怎么也不能将敲钟人卡西莫多想象成一个奇丑无比的人。当然我也为那次没能亲手敲响大钟而后悔至今。

青年时，云大是我畅游知识的海洋。

与云大有缘，四年大学的金色时光也有幸在云大度过。这时吸引我的也不再是铁豆虫、苹果园，而是九十九级台阶上庄重、肃穆的会泽院，静寂的图书馆和古朴的四合院。会泽院是云大的象征和标志，也是云大人的骄傲。大楼建在原贡院明远楼的旧址上，以唐继尧别名"唐会泽"命名。负责筹备东陆大学的董泽曾留学美国，深受西方文化的熏陶，他建议以哥伦比亚大学的建筑式样进行设计，并推荐由留学比利时学建筑的张邦翰主持设计，建成了至今仍屹立的会泽院。记得上学时，会泽院的灯总是关得最晚的，每晚到这里来上自习的学生很多，座位很难找到，有胆大的同学便在教室门没开时翻窗进去，占据有利地形，然后旁若无人地看自己的书。刚进大学的时候，从紧锁着的玻璃门看到教室里有人看书，百思不得其解，还以为这些同学是因为作业没做完，被老师留在教室里的，后来慢慢就知道了，再高的窗子也是可以翻进去的，于是结一帮死党，要到会泽院上自习的时候，便让男生们先翻窗子进去，占好座位。直到今天，我还时常怀念在会泽院夜读的时光。

图书馆是我最爱去的地方，时间长了与资料室的老师混得很熟，她每天都为我留一个位子，于是我每天总能坐在固定的地方看书。文科系的资料室在三楼，这里窗明几净，阳光充沛，有古今中外的各种资料和名著，没课的时候，我几乎都在这里度过。在没有手机和电脑的年代，图书馆就是学子们汲取知识的海洋，宽大的阅览室每天都座无虚席，同学们在这里静心苦读，恣意畅游。在这里，我认识了莎士比亚、莫泊桑，知道了安娜·卡列尼娜和基督山伯爵的故事，感叹于拿破仑在欧洲战场上的纵横驰骋，走遍了亚马孙河的热带丛林。隆冬时节，薄雪覆盖下的红梅傲然挺立，这便是图书馆最美的时光了。

灰瓦黄墙的四合院掩映在绿树丛中，当晨曦的第一缕阳光照耀屋顶的时候，朝气蓬勃的学生们便聚集到这里，古老的四合院顿时充满了生机和活力，在老教授们抑扬顿挫的教诲声中，一批批的学子渐渐地长成祖国的栋梁之材。

  随着祖国的日益昌盛，云大也在砥砺奋进！四合院、教授楼、苹果园等被一栋栋高大的教学楼取代，既是家园又是母校的云大，有着我太多的欢乐和梦想，数理化三馆间回荡着我幼年时的笑声，四合院里留下了我朗朗的读书声，落英缤纷的海棠花下有过我的倩影，每当金黄色的银杏叶像蝴蝶一样上下翻飞的时候，我总会在银杏大道上流连忘返。现在每次跨进云大的校门，我都会想起儿时小伙伴们一起嬉戏的地方、曾经上课的教室、在图书馆读过的好书和每一位授业的恩师，云大已成为我生命中的一部分。

  十年树木，百年树人！百年间，我一家三代（父亲、我和女儿）有幸成为云大莘莘学子之一员，与一代代云大人恪守"自尊、致知、正义、力行"之校训，秉承"会泽百家、至公天下"之精神，见证着祖国的强大和百年云大的风华！

2022 年 5 月 12 日于昆明

坚守平凡　创造非凡

王立群①

云南大学，亲爱的母校，在你即将迎来百岁华诞之际，我以一个云大学子名义，恭贺母校百岁大寿，衷心祝愿母校蒸蒸日上，桃李芬芳。百年云大必定不负众望，如同李克强总理视察云南大学时所讲的"站在云端之上，为建设高等教育强国、实现中华民族伟大复兴的中国梦贡献云大力量"。

我是云南大学1988届历史系档案专业毕业生，是云南省1984年高考档案专业首届对外招收的学生。云南大学始终是我永恒的灵魂依恋，是我不变的精神家园。校训"会泽百家，至公天下"海纳百川、兼收并蓄、百家争鸣、融合创新。至公天下，意在以天下为公，求"公在天下"精神，始终激励着莘莘学子刻苦学习、扎根社会。

在云南大学档案专业本科四年学习期间，系主任张鑫昌老师、班主任郑文老师，任课的张昌山老师、张高翔老师、杨恒芬老师、吴竞波老师等谆谆教导，把我们领进了档案这座神奇的殿堂。我学到了知识，掌握了技能，工作后一直从事热爱的档案工作。2018年10月我又重回母校，参加云南大学档案与信息管理系三十周年系庆活动，见到了敬爱的老师们和亲爱的同学们，大家欢聚一堂，欢声笑语，共叙师生情。

"艰难方显勇毅，磨砺始得玉成"。咬定青山不放松，脚踏实地加油干，努力绘就壮美蓝图。档案工作取得的成就，是一代一代的档案人不懈努力、奋进向前、拼搏的结果。

欲知大道，必先为史。中国共产党建党百年党史里，有信仰和意志，有目标和方向，有勇气和力量，有我们"从哪里来"的精神密码，有我们

---

① 作者简介：王立群，云南大学历史与档案学院1984级档案学本科毕业生，现工作于中国电建集团昆明勘测设计研究院有限公司。

"走向何方"的精神路标,有共产党人的精神血脉。习近平总书记指出"让历史说话、用史实发言",档案真实记录了我们党从小到大、从弱到强,虽历尽坎坷而百折不挠的奋斗历程,记录了我们党领导人民坚持"档案工作姓党"的政治方向。我们档案人应该守正创新、锐意进取,推动档案事业跨越式发展。2021年6月,中共中央办公厅、国务院办公厅印发了《"十四五"全国档案事业发展规划》,要把这个蓝图变为现实,必须不驰于空想、不骛于虚声,一步一个脚印,踏踏实实干好工作。

档案工作是维护党和国家历史真实面貌、保障人民群众根本利益的重要事业。经验得以总结、规律得以认识、历史得以延续、各项事业得以发展都离不开档案。作为基层企业的档案人,我们站在新的历史方位,要有新的使命担当。我工作于中国电建集团昆明勘测设计研究院有限公司(以下简称"昆明院")。该企业成立于1957年,是世界五百强企业——中国电力建设集团(股份)有限公司的成员企业。昆明院拥有工程设计综合甲级、工程勘察综合甲级两项综合资质,水利水电工程、市政公用工程、电力工程、建筑工程施工总承包壹级资质及四十余项专项资质;主营业务涵盖水务与水利水电、新能源与电力、生态环境治理、城市与交通基础设施、航空港五大领域及相应的工程信息化与智慧化业务,构成昆明院"5加1"业务板块,是以规划设计为核心,集勘测设计、工程总承包、投资运营于一体的科技型工程公司。我们通过了中国CNAS质量、环境和职业健康安全管理体系认证,知识产权管理体系认证及国际UKAS质量管理体系认证,并被中国对外承包商会、中国机电产品进出口商会评选认定为AAA级信用企业,被中国出口信用保险公司评选认定为AAA级信用企业,被中诚信国际信用评级有限责任公司给予主体信用AA的评级。

六十年来,档案工作一直伴随着昆明院的发展而发展,档案是昆明院的无形资产,是汇集起的昆明院记忆,是永不贬值的昆明院的科技财富,是昆明院发展进步的阶梯。档案记录着昆明院六十余年辉煌厚重的过去,骄人的现在,充满希望和生机的未来,传承着昆明院几代科技人员辛勤的汗水和心血的结晶。

经过一代代档案工作者的共同努力,在院党委和历届院领导的关心支持下,2006年昆明院拥有了一座建筑面积2316平方米、库房面积1188平方米的档案楼，建立了门类齐全、资源丰富、法规健全、设施配套、管理规范的知识档案管理中心，已成为全院各种门类和载体的纸质、电子、声像档案、图书、资料信息贮存和再利用中心。

在历届院党委和历届院领导以及档案人员的共同努力下，我作为档案人，主持着昆明院档案管理工作，使我们率先在云南省晋升为国家一级档案单位和云南省"五星级"档案管理单位。2007年国家档案局中央档案馆发布《国家档案局中央档案馆关于表彰全国档案工作优秀集体和优秀档案工作者的决定》（档发〔2007〕11号），表彰全国档案工作优秀集体和优秀档案工作者。我带领的昆明院科技质量管理部档案管理中心荣获"全国档案工作优秀集体"荣誉称号。档案部门还荣获了云南省档案局授予的"先进集体二等功"和中国水电顾问集团"档案工作先进集体"荣誉称号。我本人也被授予云南省档案局、云南省人事厅表彰的云南省档案工作先进个人二等功称号（个人最高荣誉奖）。2018年我主持申报的"档案管理技术咨询服务输出研究"，其成果荣获国家档案局授予的全国企业档案工作管理创新优秀案例等多项殊荣。2021年12月我主持、昆明院报送的"基于电子档案大数据为核心的企业知识应用管理平台研究"成功入选国家档案局"2021年度经济科技档案资源开发利用入围案例"。一串串荣誉凝聚着院党委的关心和支持以及档案人员付出的辛勤汗水和心血，这使我们热爱档案事业，甘当无名英雄，发扬淡泊名利、自强不息的拼搏精神。正是干部、党员的领头羊作用，让我们在平凡且默默无闻的档案岗位上始终无怨无悔，心往一处想，劲往一处使，拧成一股绳，甘守清贫写辉煌！

档案管理的宗旨就是提供利用。我们一直紧紧围绕院党委和院"国际化、多元化"发展战略工作重点，以创新发展为动力，以夯实档案基础工作为主线，以提高服务质量为重点，以优质高效服务为目标。为响应云南省档案局提出的"依法治档，科技兴档，强化服务，发挥效益"号召，部室领导带领档案人员立足本职岗位，用踏实肯干的工作作风，主动为生产、管理服务，急生产所急，想生产所想。档案部门抓住机遇，将档案工作位置前移，履行《中华人民共和国档案法》赋予的指导监督职能。随着院"国际化、多元化"发展战略实施，档案管理业务已向知识管理纵深发展转变。档案部门早已走出去、跨出馆门，对外开展档案管理技术咨询服务输出研究，对外签订工程竣工档案管理技术咨询服务合同，档案指导监督范围覆盖到院国内外水电、风电、太阳能光伏发电、市政工程工地一线，档案咨询服务领域扩大到院建设业主单位和政府部门，得到了院内外的一致好评和赞誉，取得了骄人的工作业绩，在行业内有较好的口碑。

昆明院是国家档案局 2016 年确定的第一批企业电子文件归档和电子档案管理试点单位，也是云南省档案局唯一推荐的单位。在国家和云南省档案局的重视和支持下，经过不懈努力，2020 年 12 月 20 日昆明院通过了国家档案局组织的专家组验收，专家组审阅了我院试点验收材料，听取了工作情况汇报，观看了产品管理等业务系统电子文件归档、电子档案系统整编管理及 HydroBIM 工程知识资源系统利用的全流程实操演示，从专业角度就系统接口、元数据、四性检测、电子档案管理及利用等重点内容进行了质询。经专家组评议，一致同意昆明院企业电子文件归档和电子档案管理试点通过验收，并认为我院在基于知识服务的电子档案开发利用方面具有较强的创新性。

新时代新担当新作为，昆明院档案工作人员在平凡的岗位上做出了非凡的成就，坚守平凡，创造非凡，用实际行动诠释了档案工作的精髓，为昆明院的不断发展壮大谱写新的华章。

乐园　校园　家园
——我与云大

王红光[1]

见"我与云大"百年校庆主题征文很久了，但一直没有提笔，主要是羞于自己的文笔，怎么写都写不出我对云大的情感。今天被李克强总理到云大的新闻刷屏了，觉得不管怎样，应该写写我所热爱的母校。"云南大学还是了不起的，你们带着云南大学的牌子，应该为她骄傲，将来云南大学应该为你们骄傲"。李总理到云大了，老爸老妈甚是激动，第一时间就微信我。他们20世纪50年代就读于云大，亲历周恩来总理视察云南大学，这可是爸爸的谈资，从小到大，不厌其烦地向我们讲述当时的情景。他们为云大骄傲了一辈子。翻开老照片，爸爸的身影在物理馆，妈妈的身影在化学馆，风华正茂的他们也真的成为云大的骄傲。爸爸从物理系毕业留校任教，后听从组织安排到新成立的物理研究所从事军工研究，在红外光学、夜视仪等方面有一席之地，我的名字叫"红光"，总觉得带有时代的烙印。爸爸解释说："我是搞红外光学的，给你取名'红光'是想要你继承我的事业。"妈妈从化学系毕业，被分配到昆明制药厂，从事植物药研究，三七系列产品、天麻素都是她们的研究成果，特别是她带领的攻坚小组从青蒿素衍生物蒿甲醚多体中分离出稳定的单体，从而实现规模化生产，使昆药集团成为全国最大的抗疟药蒿甲醚生产基地。

小的时候，云南大学就是我的乐园。我小学就读于莲华小学，放学后要去翠湖练武术，云大校园是我们边走边耍的过道，会泽楼前的阶梯爬上爬下不觉累，流连钟楼周边的花花草草，在旁边坡地的海棠林里下下腰，四合院里的草地上打打翻丘板（空翻），然后连蹦带跳地回家。整个中学

---

[1] 作者简介：王红光，女，1966年出生，1984年入云大历史系档案专业学习，1988年分配至云南民族大学工作至今，研究馆员。

时代我都是在云南师大附中度过的，云大还是我回家的必由之路。银杏道，从冬天走到秋天，在那个不太重视绿化、美化的年代，身临花园式的校园是种享受。到后来才意识到，喜欢云大的原因还包括其浓浓的文化氛围。会泽院的青石红墙、高大的柱子、花艺铁门、漂亮的地砖，建筑也可以那么美。贡院考棚，当时住着云大的老师，但不影响我近距离欣赏。苏式、西式建筑与映秋院、至公堂相得益彰。球场上的欢声笑语，树荫下读书的学生，行色匆匆的老师，图书馆里特别的味道。我走遍了云大的每一个角落，也觉得自己是其中的一员。

高考成绩出来了，我没有犹豫，前三个志愿填报的都是云南大学。我的语文老师说："你这个家乡宝，以你的分数可以报个省外更好的学校。"我回复道："哈哈，梁老师，我发现云大有我心仪的专业。""档案"多么神圣而又神秘。上小学时，有同学调皮，老师就会说："你再闹，再闹就把你的行为记到你的档案里。"看电影时，时常在紧张的场面出现繁体的"档案"二字。那个牛皮袋里到底是些什么？我要去认识它。

来到熟悉的校园，迎接我的是班主任张跃老师，他个子不高，小眼睛，关键还很年轻，与我心目中的大学老师有差距，心生轻视，可能也表现出来了，于是挨了一顿批，但这并不影响张老师在以后的岁月中赢得了我的敬重。我们84级档案专业和历史专业在一、二年级时是合班上课，100多人，直到现在我们班同学之间的感情都很好，每次组织活动参与率之高、氛围之好都与张老师带我们有很大关系。有幸当时给我们上历史课程的都是大咖级老师，他们的影响力肯定有其他同学书写。杨德惠老师的课我总是坐第一排，幻想着，等我老了，要像她的样子。张莉清老师，我的英语在及格与不及格之间徘徊，总觉得自己很对不起她。重点介绍一下新建档案专业的老师，分专业上课后，我们的班主任是郑文老师，年纪比我们稍长，讲授"档案管理学"，他同时还是我们系的党总支书记，按理说对郑老师应该是"敬而远之"，可能因为他爱唱歌，又带我们实习，师生之间毫无拘束感，居然是以能让郑老师请吃饭为荣。张昌山老师大不了我们两岁，据说是当时云大最年轻的讲师，有点小崇拜，至今保留着他讲授的"文书学"油印讲义，超喜欢他讲"行政管理学"时的台风，以致毕业论文选题时，专门挑他带的方向。罗茂斌老师，浓浓乡音的"档案保护技术学"

让我记忆犹新。杨恒芬老师下课就坐到学生中间跟我们聊天，好亲切呀！多才多艺的华林老师，混到我们中间，没人认为他是老师。沉稳的陈子丹老师，不知道他肚子里有多少墨水，只知道他的字特别漂亮，字跟学问肯定有关联吧。几乎同龄的张高翔、邓永进老师帅得不要不要的，同学们都乐意跟他们交往。万永林老师经常鼓着他的牛眼，以为我们很怕他，其实他的"威严"在他爽朗的笑声中"丧失殆尽"。周铭、王晓珠、彭荣都是兄长一样的老师。浓墨一下我们档案系的创始人张鑫昌老师，张老师当时是我们的系主任，中等个子，花白的头发，戴着一副眼镜，清瘦干净，是我心目中的"大先生"。张老师上"目录学"时我听得可认真了，但下课后碰见他，我都要绕道走，主要是有点"怕"他。没有想到等我工作以后，我们居然成了忘年交。逢年过节我都会去拜访张老师，可以和张老师鸡毛蒜皮聊一下午，"经师易遇，人师难遭"，遇到这样的恩师真是三生有幸。

大学生活来不及细细体味就过去了，以为是"一别两宽"，不曾想我们之间还有一股无形的聚力，不管遇到什么，第一时间就想跑回学校找老师。林文勋老师和王文光老师没给我们上过课，他们也不认识我，2000年的时候我以历史系学生的名义，厚着脸皮请他们帮忙评审一本川大的博士论文，评审费至今没给，这件事我一直放在心里。曾凤英老师能在校园人群中叫出我的名字，让我对她倍增好感，我是新生，在拥有几百学生的历史系，一点也不起眼。王灿平老师更是在多年以后，在我去参加昆明医科大学校庆时认出我，可见老师们对学生的用心程度。凝心铸魂，老师的境界、格局、胸怀就是从这些细微的小事中体现出来的。

一路走来，都有云南大学给我的滋养，云大就是我归属感满满的家园，我的老师、同学及被串起的各届师哥师姐、学弟学妹，感谢他们一直无私的帮助。借此感谢云大，感谢我的老师，感谢龙岗师哥、张文芝、黄燕玲师姐，感谢小师妹段丽波、胡莹、小师弟李怀宇，等等。老师、同学、校友、系友，有你们，我的路一直很平坦。

我爱云大，爱云大历史系、档案系。

"会泽百家，至公天下"我的母校！生日快乐！

写于 2022 年 5 月 18 日

几重山水初相逢，一瞥，最惊鸿

易爱东[1]

有灵魂的老建筑

1987 年，那是一个还是精英教育的时代，那是一个大学生还可以被称为"天之骄子"的年代。我幸运地上了这所云南的最高学府。带着青春的懵懂和梦想，我启程了，那时大理到昆明还没有高速公路，长途车在崇山峻岭之间盘旋了一整天，几经周折才在翠湖边找到了她。古朴幽深厚重的云大校园以一种睿智和独特的气质顷刻间打动了我，可谓："走马江南入梦中，几重山水初相逢，一瞥，最惊鸿。"

一踏进校门，迎面是通往会泽院的高高的台阶，一座古色古香颇有年代感的建筑从高处俯瞰着我，让我忐忑，令人神往。后来才知道这排阶梯共有 95 级，称九五台阶，借用了《易·乾》中记载的"九五，龙飞在天"的寓意，也成了云大学子们"蛟腾""凤起"之道。拾级而上，台阶的终点是古色古香的法式建筑会泽楼。会泽楼竣工于 1924 年，是云大的核心建筑，仿造欧洲最古老的法国巴黎大学主楼的格局和风格，系昆明较早的大型西式建筑之一。

之后的四年里，我无数次地沿着这道宽阔的台阶走向会泽楼，感受过春天的花香，夏天的浓荫，秋天的绚烂和冬天的宁静。最幸运的是我们班还曾经在会泽院上过一个学期的课，当教室里寂静下来的时候，几乎能听到历史的回音……

那时银杏大道旁的新图书馆刚刚建好，高高的银杏树就把大团大团醉人的秋色涂抹到图书馆的窗棂上，坐在图书馆里一面读书一面看窗外金黄

---

[1] 作者简介：易爱东，云南大学历史与档案学院 1987 级图书馆学本科毕业生，现就职于云南林业职业技术学院图书馆。

色的银杏叶凌空飞舞，闭上眼睛，回味着"布衣暖，菜根香，诗书滋味长"，灵魂也跟着起舞。

记得我们常常在温馨陈旧的四合院（映秋院）上课，小小的教室里，学富五车的老教授拿着两支粉笔绘声绘色地讲述云南地方史，随着他的讲述，我的思绪慢慢沉浸到那些动人往事中，穿行在那段烽火硝烟的岁月……因为冬天的昆明很冷，而四合院冬暖夏凉，晚饭后我常常找一间小教室温习到深夜，再顶着满天的繁星穿过园西路回宿舍。

多年以后，我还会梦到自己漫步在翠湖畔的校园里，东号舍、至公堂、映秋院和高高的水塔都历历在目，它们是有灵魂有生命的建筑，每一栋建筑都深藏着属于它们的故事。如今，它们已经走过了近100年的风雨，会泽楼上所刻的"会泽百家，至公天下"，抒写了多少云大人的壮志豪情。

愿你走出半生，归来仍是少年

我们当时住在东二院的宿舍区，每次放学的时候，我都要骑车穿过密密麻麻放学的人流，骑过园西路的陡坡回到宿舍，我的"悬停"车技就是那时候练出来的。

我们3栋216宿舍住了8个爱美的女孩，为了装点宿舍门上的玻璃窗，我用黑色胶片剪了一个跳芭蕾的少女侧影，舍友们用酒红色的皱纹纸衬底，小心翼翼地贴在玻璃窗上。从门外看上去：酒红色的天幕下，一个芭蕾少女正翩翩起舞，这就是我们浪漫、温馨、美妙的宿舍生活的象征。

20世纪80年代末，街上流行"钢丝头"，我们宿舍对于"时髦"从不落下。有一次，我刚刚洗完的湿漉漉的头发被爱捣鼓发型的舍友编成无数条小辫，等头发干了解开来，居然变成非常炫酷的爆炸式钢丝头。我大着胆子顶着钢丝头走出宿舍楼，迎面就有同学惊呼："哇，钢丝头！在哪儿烫的？"我的脸开始发烫，只得嗫嚅着说自己编的，然后飞也似的逃回宿舍。

熄灯后，我们这群正长身体的女孩常常在被窝里卧谈各自家乡的美食，讲着讲着就开始饥肠辘辘，最后不得不从被窝里钻出来在宿舍里四处找东西吃，像一个个慌张的小老鼠。

有一天深夜我突发小腹剧痛，翻来覆去在床上折腾，宿舍里已经入睡的姐妹看我情况不对，马上翻身下床，几个女孩用自行车推着我费力地爬上园西路的陡坡，连夜送到校医室打针。现在想起来满满都是温馨和感动。

还有一次周末，我们全宿舍去财贸学院的雷同学家里做客，聚会完后八个女孩走路回云大。晚归的女孩们穿着白衬衫、花裙子，怀抱吉他，哼着歌曲，长发飞扬地走在行人稀少的龙泉路上，那种靓丽的春春气息惹得多少骑车人频频回头。

大三的时候，云大举办了"祖国在我心中"演讲比赛，在舍友怂恿下我勇敢地报了名，匆匆忙忙准备之后，就郑重地穿上白T恤登台演讲。不记得讲了什么内容，只记得礼堂台下黑压压的人群，只记得紧张得出了很多汗。那天我没有发挥好，只获得了二等奖，但还是被舍友狠狠地表扬了一番，因为平时拉不出圈门的我终于战胜了胆怯和自卑，把对祖国的爱和情怀表达出来。

百年华诞一瞥最惊鸿！

离开母校，我们奔赴的工作单位大多是不同类型的大学和中专学校，仿佛从终点又回到了起点。人生是一场永无止境的旅程，我们被时代裹挟着向前，不能回头，母校传承给我们的优秀基因让我们自信勇敢，从不服输。我们和普通人一样恋爱、结婚、生子，又不普通地从助教、讲师一路向着副教授、教授拼搏。我们在平凡的岗位上建功立业，在科研的晦暗里勇攀高峰，经历了无数风霜雪雨之后，明白了"知世故而不世故"，也学会了"处江湖而远江湖"。

如今，三十多年过去了，正如"每一滴酒回不到最初的葡萄，我回不到青春年少"，我们是母校酿成的醇厚的酒，即便是最难的时刻，最苦的岁月，那颗年轻的心，那腔热的血，那股历久弥新的醇香一直都在涌动。只要听到母校作为一流大学的每一个喜讯都会心潮翻涌，就像35年前与她的相遇：一瞥，最惊鸿！期待着母校百年华诞的重聚，愿母校乘长风破万里浪，在未来的征程里奏响最美的华章！

东陆园中的青春年华

周宇青①

1987年秋天,我带着对大学生活的无限憧憬从家乡滇南小城文山进入云南大学,开始了图书馆学专业本科的学习,在美丽的东陆园中开启了四年的求学之旅。这一段与云大共同走过的四载青春年华,书写着人生中最难忘怀的篇章,也是我心底最珍贵的回忆。东陆园中的银杏道上,银杏叶黄了又绿,绿了又黄,海棠花和樱花开了又谢,谢了又开,每一帧都是记忆中最美的风景。北院的教学楼,本院的会泽楼、四合院、图书馆,留下了我和同学们求学的身影;东二院的女生宿舍,记录了我与同学们的欢声笑语。四年学习时光匆匆而过,我不仅学到了图书馆学专业知识和相关学科的知识,还有幸与老师们结下了深厚的师生情谊,与同学们结下了醇厚的友情。如果说这段时光是一串记忆串起来的项链,那么,我的老师们和同学们就是这串项链上一颗颗闪闪发光的珍珠。

时光荏苒,岁月如梭。弹指一挥间,我已从云南大学毕业分配到云南省图书馆工作31年。工作单位离母校很近,与母校有着密切的合作关系,经常有机会回到学校,因此,我能看到母校的发展、母校的变化。母校从重点大学发展成为211大学、双一流大学,让我作为曾经的一名学子,深深地为母校感到骄傲。30多年一路走来,我一直以毕业于云南大学而自豪,以受教于历史系、档案系的老师们而自豪。毕业后同学们虽然各奔东西,但多数同学一直从事图书资料工作,也是一路相伴、共同成长。在即将迎来母校百年华诞之际,写下这段文字,感恩我的母校,感恩我的老师们,感恩我的同学们,铭记我们一起走过的美好时光。

---

① 作者简介:周宇青,云南大学历史与档案学院1987级图书馆学本科毕业生,现就职于云南省图书馆。

师恩难忘

在云南大学图书馆学专业学习的经历使我受益良多，尤其是老师们对我们的教育、指导和关爱，难以忘怀。1987年，图书馆学专业设在历史系。1988年，学校成立档案系，图书馆学专业归到档案系。学校和系里对图书馆学专业的课程设置和师资队伍建设十分重视，我们的授课老师大多是名牌大学毕业的高才生，还有云南省图书馆的专家学者。至今我仍记得为我们授课的老师们和他们讲授的专业课程，张鑫昌老师讲授"古典目录学"，吴竞波老师讲授"图书馆学引论""现代目录学"，马自坤老师讲授"情报学概论""图书馆现代技术"，肖迎老师讲授"藏书建设与读者工作""中文编目"，王晓珠老师讲授"古籍编目""中文工具书"，郑文老师讲授"现代管理科学原理"，方铁老师讲授"云南古代史"，戴挺老师讲授"科技文献检索""计算机基础"，华林老师讲授"科技档案管理"，樊咏雪老师讲授"文献主题标引"，吕榜珍老师讲授"缩微复制技术"，邱翔鸥老师讲授"西文工具书"，云南省图书馆的李高远馆长讲授"图书分类学"，李孝友老师讲授"中国书史与图书馆史"，李若兰老师讲授"期刊管理"。另外，我们还学习了"中国通史""中国历史文选""图书馆学专业英语"等课程，专业课程涵盖了图书馆学的内容，还涉及档案学、管理学的内容，让我们学到了丰富的专业理论知识。老师们在讲台上满怀自信，引经据典，滔滔不绝，带我们遨游知识的海洋。老师们不仅为我们传道授业解惑，还为我们创造学用结合的实践机会，为了让我们有更多的直观体验，带我们参观省图书馆、省科技情报所，让我们更好地了解图书馆、科技情报所的工作，现场教我们利用中文、西文检索工具查找资料。大四时安排我们到相关单位的实习，让我们将所学专业理论知识与工作实践相结合，使我们掌握了一定的专业技能，毕业分配到单位以后，很快就能够胜任工作。最难忘的是，大二下学期开始，肖迎老师负责管理档案系的资料室，她正好给我们上"中文编目"课，就让马健雄同学和我协助她管理资料室，课余时间，我们与肖迎老师、何大勇老师一起去收集图书资料，对资料室所有的图书进行了分类、著录、整理上架，使资料室里的图书井然有序。在为系里师生提供借阅服务时候，自己工作得到认可的成就感油然而生，我们与肖迎老师也处成了亦师亦友的关系。

"十年树木，百年树人"。在云南大学学习的四年，老师们的言传身教，让我受益终身。老师们有着渊博的知识、宽广的胸怀，以及对学生的责任心和关心爱护之情，不仅教给我们丰富的知识，还教给我们踏实做人、勤奋做事的道理。年长的老师和蔼可亲，有着丰富的教学经验，年轻的老师只比我们大几岁，活泼开朗，有着良好的专业素养。老师们的心里，不仅装着我们的学业，还记挂着我们的未来。临近毕业时，老师们纷纷在同学们的毕业纪念册上写下毕业赠言，对同学们寄予殷切希望。老师们给我写下的赠言，我铭记于心，也一直努力去实现。每次翻开我珍藏的毕业纪念册，看到老师们的笔迹，回忆起在校的时光，都令我感慨万千。系主任张鑫昌老师赠言："四载匆匆话离别，拾级而上见亭台，纵观四野皆宏图，喜负沧海又一阶——赠宇青同学毕业。"系总支书记王灿平老师赠言："纸上得来终觉浅，绝知此事要躬行——与周宇青同学共勉。"班主任王晓珠老师赠言："一分辛勤，就有一分收获，但愿你每年秋天都可以收获一片金黄。"郑文老师以我的名字题诗赠言："周而复始万物循，宇阔宙广博无垠，青绿黄橙红蓝紫，志在生涯漫漫求。"万永林老师赠言："勤奋与踏实，是治学与立业之本——与周宇青同学共勉。"肖迎老师赠言："相识相知，共勉共进。"戴挺老师赠言："展开你志向的翅膀，任人生尽情地翱翔。"邱翔鸥老师赠言："愿时光的长河不是将梦想洗得褪色，而是从泥沙中沉淀出金子。"篇幅有限，此处不再一一列举。老师们的赠言像一束束光，照亮了我人生的道路，丰富了我的心灵，给予我勇气、信心和力量，时常让我感到温暖，提醒自己不要辜负老师们的期望。师恩不是随时提起，但从来不会忘记。老师们求真务实的治学态度，认真严谨的教学作风，以及对学生的关爱和倾囊相授，对我的影响是深远的。2018学年春季学期起，我被云大历史与档案学院聘为校外教师，为图书情报专业硕士研究生班讲授"各类型图书馆管理"课程。当我站上讲台的时候，我的眼前常常浮现出当年老师们给我们讲课的样子，提醒自己要向老师们学习，要给学生一杯水，自己得有一桶水，备课的时候要查阅大量的资料，讲课的时候要结合图书馆工作实际，尽量讲得易学易懂，课上、课下与同学们多沟通、多交流，互相学习，共同提高。

回首昨日，师恩难忘。忘不了老师们的谆谆教导，忘不了老师们饱含期待的眼神，忘不了年长老师慈祥的面容、年轻老师青春的笑脸，老师们永远是最值得我们尊重和感激的人。感谢老师们为我们所做的奉献！感恩老师，就像一支细水长流般的曲子轻轻地在风中吟唱，婉转悠扬，经久不息。衷心祝愿老师们健康、平安、快乐！

姐妹情深

87级图专一共有33名同学，其中13名男生，20名女生。33名同学组成了一个温暖和谐的大家庭，开启了大学的学习生活。87级图专的氛围特别好，班干部热心为同学服务，尽心尽责，同学们关系融洽，相处愉快。

大学最难忘、最真挚的一种感情，叫室友情，弥足珍贵。大家同住一个宿舍，朝夕相处，形影不离，互相陪伴，情同手足。刚进校时，我和同班的9名女生被分配到东二院234号宿舍。带着对大学生活的美好憧憬和热情走进大学校园的我们，一见面便没有初识的陌生，就此结下了长达几十年的姐妹情谊。姐妹们学习上互帮互助，共同进步；生活上互相关心、互相照顾。10个女生不是亲姐妹，胜似亲姐妹。宿舍是我们的第二个家，我们把宿舍收拾得温馨雅致，还取名为馨雅园。记得刚上大二的时候，系上的曾凤英老师来跟我们说要调整宿舍，让我们搬到8人间，有2个同学要调到其他宿舍，我们谁都不愿意出去，甚至急哭了，说什么都要十姐妹在一起，曾老师被我们的姐妹情谊感动，又去找了宿管科，终于把我们调到了226宿舍，仍然是10个人住一间，一直到毕业都没有分开。

十个姐妹按照出生时间排序，我排第九，被姐妹们亲热地唤作小九、九儿、小九妹，我特别喜欢"九儿"这个昵称，将其用作QQ、微信的昵称。朋友加微信时常常会问我是不是特别喜欢《红高粱》里面的"九儿"，我总要解释不是那个"九儿"，是在大学宿舍十姐妹中排行第九的"九儿"。从小在家里当大姐，很会照顾弟弟妹妹的我，在大学宿舍这个"家"里却受尽了姐妹们的宠爱，每每回想起来，总是感觉到温暖和美好。大三下学期的一天中午，放学回来在圆西路上，我骑自行车不小心摔了一跤，伤到了脸，姐妹们急忙送我去医务室包扎，因为伤口在眼睛旁边不好包扎，医生就用纱布蒙住了我的一只眼睛，这可吓坏了姐妹们。其实我的眼睛没有受伤，只是那个样子不好意思出门，就向老师请假了。没去上课的一个星期，姐妹们无微不至地关心我、照顾我，每天上课回来为我抄一份笔记；担心白天我一个人在宿舍太寂寞，从图书馆借书来给我看；一放学就回来为我打饭，帮我洗碗；怕我看到脸上的伤疤会流泪感染到伤口，就把宿舍里的镜子藏起来了，还每天给我讲笑话，让我担心"毁容"的愁绪烟消云散。在姐妹们的悉心照料下，我的伤恢复得很快，也没有留下疤痕。

姐妹们分别来自昆明、大理、个旧、昭通、东川和文山，各地都有很多特产和美食，但当时交通、物流还不发达，物资也不是很丰富，学生的物质生活相对贫乏。家在昆明的姐妹周末回家一趟，总会带好吃的咸菜、水果、零食回来分享，四姐外婆做的酸腌菜最好吃。每个寒假、暑假回学校，姐妹们都会带家乡的特产回来，昭通的牛肉酱、绿豆糕、芝麻片，大理的酸腌菜、梅子、泡梨，个旧的疙瘩菜、羊奶菜、燕窝酥，东川的洋芋片、花生糖，文山的油辣椒、油豆豉、椒盐饼……各种美食摆满宿舍的桌子，够我们吃上半个月，至今回想起来，还会忍不住要流口水。有时家长或亲戚朋友来昆明出差，也会给我们带好吃的零食和水果。刚上大一的时候，有一次，三姐的父亲来昆明开会，给我们带了一堆零食放在宿舍的桌子上，叔叔一边与我们聊天，一边让我们吃东西，姐妹们当着叔叔的面不好意思吃，故作矜持，等到三姐和她爸爸一离开，大家一哄而上，大快朵颐，正吃得津津有味的时候，抬头看见叔叔在窗外一脸慈爱地看着我们，原来是三姐出门忘带东西，叔叔和她折返回来了，我们羞得只能用一个"囧"字来形容。最记得有一次为了解馋，姐妹们买了很多菜，借了个电饭煲在宿舍煮火锅，首先做泥鳅钻豆腐，豆腐和泥鳅刚放进锅里，就听到有人敲门，以为是宿管阿姨来了，吓得赶紧把锅端到露台上，把菜藏到床上用帘子遮好，开门一看没人（后来才知道是隔壁宿舍的同学来敲门，等了一下没开门，以为我们不在宿舍就走了），回头去看电饭煲，泥鳅都跳到了露台上，赶紧捡起来去洗洗，继续做我们的大餐。几十年过去了，我们仍然是"吃货"，聚在一起吃饭聊天，聊起这些事，还是会开怀大笑。

东陆园中四年的青春岁月，姐妹们青春靓丽，风华正茂，心灵相通，情真意切。班上高考成绩前5名的同学有3名在我们宿舍，在学霸姐妹的带动下，大家勤奋学习，一起上课，一起放学，一起去图书馆，一起去自习室，一起复习功课，每个学期姐妹们的成绩在班上都名列前茅。姐妹们在一起，总有说不完的话，讨论学习、谈论未来，常常在熄灯以后开卧谈会，分享彼此的喜怒哀乐。我们的课余活动非常丰富，逛公园、听音乐、看电影、打毛衣、吃烧烤……周末会结伴去高中同学的学校蹭饭，有时晚上会化妆打扮去四食堂楼上参加舞会。银杏道上银杏叶黄了的时候，海棠花和樱花盛开的时候，姐妹们会穿上漂亮的衣裙，到校园里拍照，留下美丽的倩影。姐妹们明媚的笑容，深深地印在我的脑海中。

姐妹们一起走过的四年大学生活，有很多属于我们的青春记忆，那是我们最美的时光。很庆幸有这么多的姐妹和我一起度过大学的青葱岁月，很怀念那些我们一起经历的点点滴滴。我们一起走过的花样年华，有太多的美好值得记录。来不及记录，我们的青春就已经过去了；不需要记录，因为我们的友情已经融入我们的人生。同窗四载，姐妹一生。我们的友情正如陈年的普洱茶，时间不会冲淡它的味道，只会越陈越醇，越陈越香。

遇见你，真好！
——记忆中的云大

施国芬[1]

1989年的秋天，在父亲的陪同下，我走进了云大，在云大开始了一段难忘的求学生涯。

因小时候出过车祸，行动有些不便，入学报到比同学晚了一个多月，是同学军训结束上了一个星期的课我才来报到的。那是我第一次进云大，坐火车到北站再转乘22路公交车到环城北路，进了云大在银杏路那一带转悠，不知去报到的学生处在哪儿。路上有匆匆而过的行人，也有站在某个角落读书或三三两两聊天的人。我向一个在花园灌木丛边看书的同学问路，她合上书，带着我走到钟楼侧边，能看到会泽院侧边门洞的地方，指给我进去的路，又说学生处可能会在的楼层，让我去看看门上的标牌。她的热心和笑容，打消了我的惶惑。我单独借住在经济学院的宿舍，6个全是昆明的女孩，我进去时空无一人。晚上，我们的团支部书记来敲门，笑嘻嘻地嘘寒问暖，和我介绍班里同学的情况，让我有什么需要帮忙的可以去楼上的214找她，我心里觉得暖暖的，真是找到组织了。

第一次走进教室，记忆中是北院综合楼的三楼，班长"老鹰"让我在前面的一个空位子上坐，等有一个女同学进来，"老鹰"迎上去说："傲冰，你有一个同桌了。"这就是我的同桌。虽然大学里的教室座位不固定，随意选择，但上课时还是有相对固定的同桌。我报到以前，班上有13个女生，她就"单"着了，而这也让我一报到就有了个同桌，两人都有"天上掉下个林妹妹"的喜悦。同桌是地道的昆明姑娘，说话是正版的昆明腔，瘦瘦小小的身材，秀秀气气的小小的脸，却有一头浓密的黑发。相处时间

---

[1] 作者简介：施国芬，云南大学历史与档案学院1989级图书馆学本科毕业生，现工作于云南教育出版社。

长了，会说起各自家里的情况，她似有点不屑地说她爸爸是一个"小破烂单位"的书记——后来有位老师（戴着云大教师的红底校徽）来向她代转对她父亲的感谢，感谢当年上学得她爸爸的关照，我才知道她爸也是云大毕业的，现是一所大学的领导，在我们班应算是比较"有来头"的了，她却那么谦逊，那么平和，那么友善和好学。我们同桌却不在一个宿舍，课后有各自玩的小圈子。有一次到北院做活动，好像是打扫卫生。打扫完各自的路段，我们就三三两两在路边谈笑，等下一步的安排。我和同宿舍的几个同学说笑着，在一边嘻嘻哈哈地闲聊。突然一转眼，发现我的同桌背着我的书包，独自一人站在一棵梨花树下静静地等我，正是"蓦然回首，那人却在梨花树下"。她的特立独行，对人的关照和友善，在我心中成了一道难忘的风景。

　　我有一个粉红色的书包，是妈妈用编织线手工编织的。其两面用镂空针法织成一朵朵菊花，两侧却是用细密的短针织成一个个细小的珍珠花样。把两面连起来并向上延伸形成一个长带子，开始背着刚刚好，时间长了带子变得更长，书包便长长地垂着，正符合那个年纪追求的不拘和淡淡的慵懒，却也十分显眼。上课没有固定的教室，每天按课程表上标示的内容在北院综合楼、数学楼、经济学院等来回走动，上不同的课。两节课上完了，教室就空出来有别的班来上。那时住东二院，中间根本来不及到宿舍更换每天上课所需的课本、笔记及文具，因此得随身携带着移动。多数时候早上有两门课，一早出门就得备着两门课的用具，如打算在东二院吃完饭去图书馆，还得备着吃饭的小饭盒，书包都放得满满的，也有点沉。而每天在北院、本部、东二院间行走，同行的人总会帮我背着书包，那个粉色的书包带着很多同学的体温，陪伴过我一段悠长而温暖的时光。

　　那时云大的一个特点是要"抢"。上公共大课几个专业的同学合并在一间大教室上，要早一点去占位子，以免在后面离得远看不清老师的板书；到图书馆学习，也要尽早去阅览室"抢"合适的座位和心仪的图书；特别是东二院食堂上面的自习室，离宿舍近，深得大家"青睐"，更是要早早去"抢"位子。那个自习室横在宿舍旁边，是食堂二楼上一个长方形的大敞间，南北两个临窗的边上各有一排"T"形灯带，下面排着一个个位子，中间有两排两面可坐人的"非"形灯带，中间隔着一层玻璃板，两边支着桌椅，全部六排，大约可坐200人，而住东二院的学生却有两三千人，要在那儿上自习就得早早去等着占位子，七点半开门，六点多就有人站在门口，顺着一道楼梯往下排队等着。常常是宿舍里有人轮流去排队，抱着几本书在门口一边看书一边等，门一开就冲进去，"啪啪"把书排在桌上就算成，大家都约定俗成，认可了这种占位方式，只要看到桌上有书，就知道是"此处有人"了。常常是门开后几分钟，那200个位子就被人占完了，当然也有占了位子却没去的，到时同伴会默默地把桌上的书收起，就释放出空的位子，任人"捡漏"。有一天我去得晚了点，到自习室走了两排都没"捡到漏"，正打算回宿舍，最边上有个同学说："来坐这里吧。"先以为是他为同学占的位子，人不来成"漏"的座位，却见他收起自己的书笔到门口的长桌上去坐了。原来他是这个自习室的管理人。门口有张长桌，却没有如这边正式位子玻璃隔板上有明亮的灯光，只能就着高高的顶棚上垂下的灯泡看书，天黑了显得很暗淡，也少有人去坐。原来他是把自己的位子让给了我。从此以后，我不用再去排队了，他每天都为我留着一个坐位。他高我两届，是1987级物理系的，想来那个自习室一项重要的工作是维护那些灯，好像都是物理系的同学在管理。他毕业了，他的同学接替他管理这个自习室，还是每天为我留着座位，我只要开门时去找那本"固体物理学"就行。这种"抢"，是一种浓厚的学习风气，透着同学间那种不虚度光阴，"如饥似渴""争分夺秒"的追求和努力。自习室的灯光让夜色明亮而温暖。

每天见面的除了同学就是老师了。应该说老师对学生的影响更大，每天的耳濡目染，像阳光、空气、春雨，润物无声，不知不觉塑成我们精神上的特质。"历代文选"是历史学科的基础课，给我们上这门课的是当时还在读博的万老师，要求极严，会时不时在课堂上抽学生背诵讲解学过的古文，大家都争着去图书馆借一本《历代文选》及《古文观止》仔细研读，早课前的空隙，都分配时间轮流背英语单词和古文。有一次上课，万老师在课上讲解后，离下课还有几分钟，就说了一句西山龙门上的对联"置身须向极高处，举首还多在上人"劝勉大家做学问极力向上，立脚点要高，能高瞻远瞩；做人又要站稳脚跟谦虚谨慎，就像爬山，尽管自己已走得"高"了，还要看到更高的，因为前方还有很多"在上人"，要保持冲劲，更加努力，继续登高。在工作十年后，参加全国首次编辑资格考试，其中有道题是古文，相对来说要难一点，考完出来几个同事聚在一起讨论那道题，其中有个答案我与他们皆不同，有个同事查了后很惊异地发现我的答案是对的。看他在查，我心里有点小得意，心想："也不看看我的古文是跟谁学的！这篇古文，我在大学时就研读过，都能流利背出了。"那一瞬间，我想起了曾经的大学时光，想起了上课的万永林老师。

那时王文光老师教授历史课，当时王老师也是在读博士，也很年轻，讲到中国古代文化，介绍《诗经》时说："小二哥啊小二哥，你不要爬我家的墙啦。不是你不好，是人言可畏，老妈的话要听！"话音未落，教室里响起会心的笑声。这样通俗易懂地讲诗经，真是别开生面，引人入胜。笑声过后细想，《诗经》是那时的民间歌谣，如换在现在，流行音乐可不就这样唱的吗？更让人惊异的是，某一天听闻王老师讲云南的青铜器，轻描淡写地说他曾参加过江川李家山的考古。江川李家山墓地，也就是发现举世闻名的国宝青铜牛虎铜案的地方！那时的我们，觉得那些沉睡了几千年的宝贝就像天外来客，静静地躺在博物馆中，离我们遥不可及！而我们身边的老师，竟参加过这样专业、高深的发掘工作，真是让我们狠狠地吃了一惊。老家是江川的同桌戏说："干脆我们也扛把锄头去刨，难说也能发现什么大宝贝呢！"当然，我们没机会去考古，可身边老师的经历也为我们的历史学开启了一个新的视角，让我们开始喜欢上云南历史。

有人说："一个人能走多远，要看他有谁同行；一个人有多优秀，要看他有谁指点；一个人有多成功，要看他有谁相伴。"在云大的一千多个日夜，遇到这样的老师，严谨、博学、热爱教学，是人生幸事；遇到这样的同学，好学、自律、友善，是前世的修来的福气。在云大遇见的那些人、上过的那些课，也许不是能立竿见影变成什么的东西，但它们会变成人生之旅里的一份精神滋养，一段难忘的记忆。每一个云大人都是优秀的，云大对我们的滋养已融到了我们的血液和骨髓，给我们带来自信，可以说云大是我们自信的源头。

在疫情袭来前的那些年，海棠绽放、银杏泛金时，我们几个同学会相约去云大相聚。从东陆园进去，在图书馆旁的银杏道上赏看如诗如画的秋色，再走到钟楼前那棵巨大古老沧桑的梧桐树下小坐，转到会泽院走那笔直的九十五道台阶，倚着会泽院端庄精致的墙窗留下时间的定格。年年相约而行，是欣赏云大百看不厌的美景，更是为寻找我们青春的记忆，感受那份浓浓的校园情怀。

难忘 95 档专韶华时光

贾永强[①]

1995 年 9 月，我考入云南大学档案系。四年的大学生活，是我人生中十分美好、最为珍贵的记忆。我难忘校门口 95 级台阶的庄严，难忘园西路上的繁华，难忘东二院的杂闹，难忘银杏道的诗意，难忘"会泽百家"的胸襟，难忘"至公天下"的情怀，更难忘老师的恩情和同学的友谊，难忘那一段韶华时光。

大学 4 年，我们经历 2 位系主任和 4 任班主任，都给我留下了深刻的印象。

第一位系主任是张鑫昌老师，威严而硬朗，教我们"目录学"，功力深厚。后因档案系并入人文学院，张老师升任院领导，我们迎来第 2 位系主任万永林老师。万老师是我的入党介绍人，教"古代档案文选"，满腹学问，声音高昂，他讲《为徐敬业讨武曌檄》时的慷慨激昂犹在耳旁。万老师曾给我以很多指导，我非常敬重，后来调任校图书馆馆长。教我们"古代档案文选"的还有王文光老师，学者气质很浓，很儒雅，后来任研究生院院长。记得系领导中还有党总支书记王灿平老师，和蔼而具亲和力，平易近人。

班主任中第一位是刘云明老师，温文尔雅，博学多才，我心目中的博士就是他那样子，担任我们班主任没多久刘老师就调省政府工作。第二位是侯明昌老师，原本是隔壁信专班的班主任，刘老师调走后临时带我们一段时间。那时侯老师刚从南开大学毕业，青年才俊，神采飞扬。第三位是陈云山老师，教我们"微积分"，性格随和，和我们打成一片，后来调成教学院。第四位是吕榜珍老师，教我们物理，年轻漂亮，笑起来很好看，

[①] 作者简介：贾永强，云南大学历史与档案学院 1995 级档案学本科毕业生，现就职于昆明市人民检察院。

但就是不怎么笑，我们都有几分怕她。

张昌山老师教我们"机关文件学"，那时张老师一袭青灰色风衣，十分潇洒地坐在讲台椅上，并无讲稿，却讲得行云流水，偶尔起身在黑板上草书几行粉笔字，帅得一塌糊涂。这门课我学得非常好，工作后我能够脱口而出文件一页多少行、一行多少字、什么字号、什么字体、这份文件有什么问题等，唬过不少人。

周铭老师教我们"档案管理学"，这是我们的入门基础课，当时没有课本和教义，周老师一黑板一黑板地写，我们一页纸一页纸地抄。有同学讲，周老师的课是"上课1分钟，笔记60秒"，抄得手发软，但这门课奠定了我们在档案岗位上的专业和权威。

华林老师教我们"科技档案学"，当时他好像是云大最年轻的教授，教学方法轻快。他当时还带领我们班杨俊华、唐华、李明文做社会调查，研究拉祜族文字传承，学术论文获得全国大学生"挑战杯"大奖，名动一时。

陈子丹老师教我们"民族档案学"，不苟言笑，但教课十分认真，板书一笔一画，我后来读《南渡北归》书里描写西南联大的那些教授，我就会想起陈老师。我大学四年唯一补考就是这门课，不是不努力，是当时班长统计学分后讲我已经修够了，我就没有去考，后来又说统计失误，赶紧找陈老师补考一回。

郑文老师是男中音"歌唱家"，上课前都会给我们露两嗓子，非常美好的享受！杨毅和郑荃老师，教授我们"文书学""化学"，另外还有两位英语老师，都是知性美女，讲课娓娓动听，我们如沐春风，我在大二就通过了英语四级考试。教学严谨、认真负责的老师还有很多，他们用润物细无声的默默付出，让我大学四年收获满满、基础坚实。我由衷感谢云大档案系的老师们！

我们那一届，全班30位同学，分别来自云南、新疆、甘肃、青海、陕西、海南、湖北等，可谓五湖四海。

同学们才华出众，第一年就开始编辑班刊，刊名《真我风采》，气势磅礴。开篇就是李明文的《大山的儿子》，写他从大山深处走向省城求学的坚韧不拔，令人感动。编辑中还有杨俊华，来自新疆，人如其名，丰神俊朗，灼灼其华，为人谦和，和我同住一个宿舍，关系很好。同宿舍还有伍扶民，海南人，名字很霸道，天地之间，唯民为大，吾扶万民，十分了得，只是普通话说得不怎么好。男班长赵静强，高考成绩班上第一，浓眉大眼，长得特别像"四爷"吴奇隆。后来他不干班长了，又选一个女班长李淑玲，个子高挑，性格温婉，好事者想将他俩凑成一对，没有成功。倒是跟随华林老师做文章的杨俊华、唐华后来结为伉俪，郎才女貌，成就一段佳话。据伍扶民讲，他踢球回来看见杨、唐两人谈恋爱时对面相站，距离大概2米开外，双双将手抱在胸前，像要打架似的——他们这种谈恋爱格局后来我也见过一次，所以伍扶民并未讲假话。同学张叔娘（男）和沐丽梅最后也结为夫妇，张叔娘是哈尼族小伙，会弹吉他、吹口琴，哄女孩子有一套，那时他俩一同上课，一同下学，一同吃饭，上课时共坐一桌，琴瑟和鸣，十分幸福。

陈旭东，个子不高，爱踢足球，读书时学习并不用功，毕业后却突然爆发，用一年时间考上硕士研究生，让我等大吃一惊，十分傻眼，现就职省政府研究室。我们班还有"三个伟"：一是杨金伟，下得一手好棋、打得一手好球、炒得一手好菜、写得一手好散文，他写过一篇《马帮铃铛响》，读后感觉甚好。毕业那年十一假期，他邀请我和几位女生去大理丽江玩，到鹤庆时已是晚上九点多钟，下着小雨，寒气逼人，杨金伟在路边迎候我们，家里早已生上炭火，进屋后十分温暖。那晚我俩彻夜长谈，同去的女生之一是他大学四年的暗恋，最后没能走在一起，让人唏嘘。二是杨伟，运动健将，获奖颇多，为人真诚，待人大方，某五一小长假，我、杨俊华、杨金伟，还有几个女生，相约到他大山深处的老家玩，一路盘山蜿蜒，从来没见那么急弯、那么陡峭的路，吓出几身汗。他家门口有条河，我们从家里拿铁锅在河边野炊，我好像还下河游了泳，十分开心。同去的女生中也有一个是他大学四年的暗恋，最后也没能走在一起，同样让人唏嘘。三是杨士伟，特别英俊——当时303宿舍认为，长得不好看但有气质也可以用帅来形容，但只有长得十分好看才配得上"英俊"这个词，我认为班上只有班长赵静强、杨俊华和杨士伟才称得上英俊——学习用功，教养很好。而陶汝飞显然是属于帅的一类，因为脑门锃亮，外号"光头"，身材魁梧，心思却细腻，篮球打得好，文章写得好，毛笔字也不错，这次30周年系庆他也写了一篇稿子，洋洋洒洒，一气呵成，极富激情和感情,震得我几乎不敢投我这篇。

其他两位同学,一是黄赟,二是陈家顺,大学毕业时昆明市检察院招考一名档案学男生,同班同学中只有我们三人报考,当时班上一女同学讲:别报了,已经内定了。我想完了完了,肯定是黄赟。因为黄赟一表人才,相貌堂堂,排球打得好,听说还是"官二代",如果内定恐怕就是他了。而陈家顺当时在老家沾益已经有接收单位,要么教育局,要么档案局,所以他心态放松。结果考下来,我考最好,十分顺利地就录用了。黄赟现在经营一家大型汽车销售公司,身价不菲;陈家顺在统战部门工作,爱人是他大学时的女友,爱情忠贞不渝,生活十分美好。特别要提一下海类恩,小时候患过小儿麻痹症,身残志坚,求学之路十分艰辛,治学态度让人钦佩。李光廷是体育特长生,为系争了很多荣誉,性格耿直,极好相处。和我关系较好的男生还有宁德平,脑子灵活,待人诚恳,现在在政府工作。还有一位男同学施正,个小精干,口才了得,和女同学关系比较好,毕业后当了一名光荣的人民教师。

我那时因为来自农村,嘴比较笨,家里穷,没什么自信,而班上的女生家庭条件都比较好,唐华、沐丽梅、李煜鸿、于静、张玉千、冯灵芝、汪国玉、段梅、杨丽萍等都是城里人,我和她们讲话都会脸红。省内女生中和李煜鸿接触多一些,她话特别多,叽叽喳喳,性格开朗,长的小巧漂亮,就像邻家小妹一样。冯灵芝,傣族妹子,人漂亮,很大方,后来回家乡当了一段时间老师,现在重回老本行,任芒市档案局副局长。张玉千是大理人,白族女生,性格特别好,我和她老公结下深厚友谊,每次去大理,直接住古城边他们家的白族风格大别墅,十分轻松惬意。省外女生中和周君接触相对多一点,记得有一次课后在校本部四合院(现拆掉了,很可惜)一个石桌边聊天,我很苦恼读书记不住——大学时我阅读量比较大,涉猎广泛,哲学、美学、建筑等都会在旧书摊上买来读,我现在都还记得有一本叔本华的哲学小册子,2块钱买的,但看不懂——周君讲不管记住与否,读过的书最终都会沉淀在你的气质之中。这成为我坚持读书的最大动力,到现在我都坚持每月至少读完一本书。外省女同学中还有李淑玲和冯丽,一个是西宁考生,一个是兰州考生,两人一高一矮、一胖一瘦、一个话少一个话多,一个婉约一个豪放,性格迥异,关系却十分要好，那时候她俩几乎形影不离。毕业时，我和伍扶民骑单车送她俩去火车站，伤感离别。后来冯丽生小孩时因故去世，成为我们心中永远的痛！祝愿她在天堂安好！

当时女同学的学习成绩普遍比我们男生好，读书最用功的一个是蔡黎琼，一个是于静，一个是杨敏，还有唐华，她们成绩是真的好，我们男生考试前基本都是复印她们的笔记来背。男生中成绩好的应该是我和杨俊华，但因为家庭条件较差，所以我一边读书，一边还要勤工俭学。有一段时间我的周末是这样度过的：上午做一份家教，晚上做一份家教——我当年高考数学成绩比较好，考了146分，教初中数学得心应手——下午还去省国税局打工抄档案目录。这里要十分感谢刘云明老师的介绍，他的大学同学是省国税局档案部门负责人，也是我们的学长，这份工作我从大一一直干到大四，收获很多。当时家教每小时10元，省国税局打工半天15元，这样一天就可以挣55元。我还和303宿舍一起去派送过洗衣粉，和老乡一起去卖过方便面。即便如此，我学习成绩依然很好，第一学年获得学习单项奖，大二、大三学年获得综合奖学金，毕业时获得云南省优秀毕业生称号。因为成绩好，考试时几个铁杆同学都抢着坐我周边，有一次化学考试，李光廷没抄到答案，我就起身交卷走了，他十分生气，出考场后买了一瓶啤酒到宿舍边喝边骂，说被兄弟出卖，以后再也不会相信兄弟了。有一年我到他所在县出差，已经任县档案局副局长的他热情款待我，按他们的习俗，一边打牌小勺小勺地喝酒，菜还没有上我就醉了。

我现在回想，我们当时的大学生活，除了偶尔一两次的郊游，偶尔一两次的班级联欢会，加上开学之初的集体扫"舞盲"，剩下大概就是运动、打球、读书、学习，总体讲很枯燥，但回忆起来，却又那么快乐。毕业快20年了，我们都一步一步地成长起来，生活幸福，工作顺利，很多同学已经走上领导岗位，负重前行，但岁月静好；生活如山，却温柔以待。我想，我们的成长和进步，都离不开档案系严谨的学风，离不开档案系浓厚的学习氛围，更离不开老师们倾心教学为我们打下的坚实学业基础。

永远感恩老师们的辛勤付出！永远铭记老师们的谆谆教诲！永远难忘同学们的深情厚谊！衷心祝福老师们身体健康！衷心祝愿同学间友谊长存！

母校云大　别来无恙

陈　信[①]

一个人活到百岁，已然步入暮年，而一所大学历经百年，却依然风华正茂，依然在中国大学和世界大学之林中绽放光芒。这是母校云大，一所屹立在中国西南边疆、历经百年风雨的世界知名高等学府。

每次回云大，校园里总是显得很安静，充满着书香气息。在云大总是会自然地逛逛银杏道、看看小松鼠，或是爬爬会泽院前的九十五级台阶。校园外的文林街和园西路仍然很热闹，书摊和书店现在已不多见，但各种小吃依然会找机会尝一尝。

很幸运，当年在最美好的年纪，遇见了最美丽的云大。在云大浓厚的学术氛围里，我聆听到许多大师的讲座，涉猎了大量的书籍，向优秀的同学、学长和老师们学习。云大赋予我知识和智慧，也赋予我精神和勇气，在人生的道路上无形中支撑着我不断前行。

或许是校园氛围的影响，离开云大后工作和求学的地方依然在大学，在辗转三所大学之后，最终留在离云大最近的一所大学——云师大，近距离地关注母校，与母校一同成长。

校园不变，人却在变。当年在云大求学满怀憧憬的青年，如今已走入事业家庭稳定的中年。当年如学长般的恩师如今也已成为睿智的长者。受母校和恩师们的邀请，回到云大的我站在了讲堂上，给同样求知若渴的学弟学妹们授业解惑，在教学相长中继续历练成长。

人在变，大学也在变。《大不列颠百科全书》曾将云大评为中国 15 所世界最具影响的大学之一，其后半个世纪虽几经沉浮而又奋起直追，先后成为国家"211"大学和"双一流"大学，逐渐恢复昔日荣光。期待母校云大在中国大学，乃至世界大学版图中再创辉煌。

[①] 作者简介：陈信，云南大学历史与档案学院 2001 级图书馆学本科毕业生，现就职于云南师范大学图书馆。

从东二院到东陆园

杨 洁[1]

2002年9月,我从湖南乘坐大巴到桂林,从桂林乘坐绿皮火车历经34个小时到达昆明火车站,再从昆明火车站乘坐云南大学接送新生的大巴到达云南大学。

年少青春的我还沉浸在高中地理课本上祖国边疆的美丽浩瀚中,填写志愿的时候曾一度以微弱而执拗的态度跟父亲争执过要报考西藏大学、新疆大学、内蒙古大学等。但是父亲坚决地反对了我的意愿,他当时的原话是:"如果把你送到那么远的地方去上学,我的女儿就等于丢了",父亲转而指着云南大学对我说:"昆明虽然也遥远,但好在气候不错,你就去那里吧。"我记得我在最后填报志愿时还抱着最后一丝希望给父亲打过电话,表达想要去西藏的愿望,但是父亲没有丝毫犹豫就否定了。

我如愿来到了云南大学,就读档案学专业,住进了东二院的八人宿舍,舍友们来自天津、江苏、贵州、江西、湖南、陕西、云南七个省。我遇到了好时候,云南大学当时开始广纳全国乃至全世界的莘莘学子,来自五湖四海的同学们经历着地域、文化、风俗、语言等的碰撞,大家和而不同,青春而又懵懂、激烈而又向上。

那时候文渊楼(东楼)始建成,很多课程都安排在东陆园(北校区)。我每天从东二院出发,走过园西路,穿过学校,最后过天桥到东陆园。以前对"东陆"两个字没有什么概念,真正懂得"东陆"的时候,我已经毕业很久,云南大学也已经成为"双一流"大学了。东陆园的教室实在是陈旧,光线也比较暗淡,但我们在那里度过了四年的本科学习时光,我遇到了我人生中最好的班主任郑荃老师。

---

[1] 作者简介:杨洁,云南大学历史与档案学院2002级档案学本科毕业生,现就职于昆明国家高新区管理委员会。

若干年后，我会忘记大学里很多事情，但是我仍会清楚地记得郑荃老师，她教授我们档案保护技术学的知识，是一个很严格的老师，就连我们班最爱逃课迟到的同学都会按时赶到教室。她会在每次学校发放贫困补助的时候，自己掏钱凑成整数发给同学们；她会在过节的时候掏钱喊班委去买如月饼之类应节的物品发给全班同学；她会在晚上来到宿舍查看同学的情况；她会在我开学没及时赶到学校的时候打电话来询问发生了什么事情……我一直觉得，她作为一名大学老师、一名班主任，实在是无私而又伟大，是我远在他乡也能感知到的无处不在的温暖。

当年的东二院很陈旧，当年的东陆园也历史久远，但我至今印象最深的就是每天穿梭其中的时光，至于学校内美丽的海棠花、银杏树、松鼠、九五级台阶，却是毕业后回校闲逛的时候才发现它们的美。有一年我机缘巧合去了云南大学呈贡校区，路过美丽的湖泊，感慨万千，更加怀念那段时光。

云南大学，梦想开始的地方

王杰赵[1]

  我是一名云南大学 2012 级的本科校友，于我而言，母校是青春，是回忆，是梦想开始的地方。

  2012 年，我带着迷茫、懵懂和憧憬踏入云南大学的校门，四年后的 2016 年，我载着知识、回忆和梦想离开。在那里，我幸运地收获了成长，遇到了指引人生方向的授业恩师，结识了一群五湖四海的朋友，遇到了自己愿意奋斗一生的梦想。

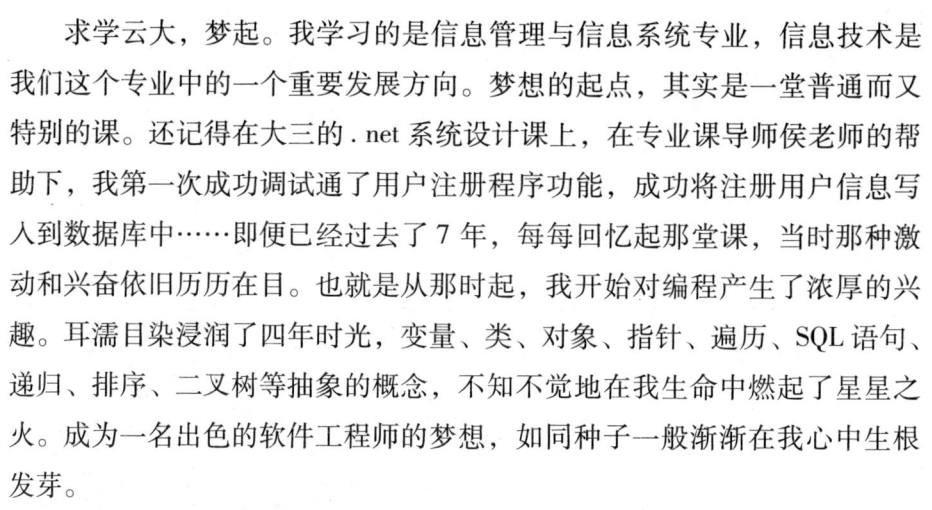

  求学云大，梦起。我学习的是信息管理与信息系统专业，信息技术是我们这个专业中的一个重要发展方向。梦想的起点，其实是一堂普通而又特别的课。还记得在大三的.net 系统设计课上，在专业课导师侯老师的帮助下，我第一次成功调试通了用户注册程序功能，成功将注册用户信息写入到数据库中……即便已经过去了 7 年，每每回忆起那堂课，当时那种激动和兴奋依旧历历在目。也就是从那时起，我开始对编程产生了浓厚的兴趣。耳濡目染浸润了四年时光，变量、类、对象、指针、遍历、SQL 语句、递归、排序、二叉树等抽象的概念，不知不觉地在我生命中燃起了星星之火。成为一名出色的软件工程师的梦想，如同种子一般渐渐在我心中生根发芽。

  追逐热爱，梦续。毕业后的第二年，怀揣对信息技术事业的热爱，我放弃了家乡稳定的工作，辞别了父母好友，背起行囊，只身来到离家 500 公里的美丽小城安宁，成为昆钢电子信息科技有限公司（昆钢信息中心）的一名职工，正式开始了软件工程师的职业生涯。

  不辍深耕，梦圆。入职第一年，我便从 C#转战到 Java，编程语言的改

---

[1] 作者简介：王杰赵，云南大学历史与档案学院 2012 级信息管理与信息系统本科毕业生，现就职于昆明钢铁控股有限公司信息中心。

变，对于一名职场新人来说，惶恐和担忧是远胜于好奇和兴奋的。凭借在大学校园中打下的基础和公司领导同事们的指导帮助，我逐步在工作中成长起来。在公司各级领导的培养和支持下，我逐渐地成长为一名合格的软件开发工程师，也幸运地取得了一系列的阶段性成果：2019年代表昆钢公司参加云南省程序设计员技能大赛，2020年荣获昆钢电子公司先进个人，2020年担任昆钢公司电子商务导师，2021年荣获昆钢公司直属机关优秀青年荣誉称号等。在5年多的工作实践和学习积累中，我也逐步拓展出一系列新的技术技能：Python语言、Java语言、Django框架技术、爬虫技术、图像识别、Linux技术、MySQL数据库技术、Nginx技术、Docker容器镜像技术、Spring MVC、Spring Boot、Spring Cloud框架技术……而回首来路，这知识技术的高楼之下，无不是从母校那里所学得的知识之基。

毕业六年，我依旧清晰地记得，那些罗织在呈贡校区、本部校区间闪闪发亮的金色记忆：往返于梓苑—中山邦翰楼—楠苑的日子、在图书馆边看书边写代码的日子、在满地金黄的银杏大道漫步的日子、看着松鼠在树上跳来跳去发呆的日子、跟同学在园西路吃鸡腿套饭的日子、在梓院东二院篮球场挥洒汗水的日子、期末在宿舍自习室复习备考的日子，那一幕幕、一天天，皆是我生命旅程中珍贵的青春记忆。如今，即便那宝贵的四年早已与记忆一道，化作母校百年辉煌历史画卷中微不足道的小小一角，但母校依旧在以她特有的方式影响着我，塑造着我。

于我而言，母校之于学子，母校存在于遇到职业困惑的时候。离开校园两年之际，站在职业发展方向何去何从的十字路口，拨通电话，电话那头的专业课老师，依旧给予了我耐心细致的指导，帮助我厘清职业生涯发展的思路。母校之于学子，母校存在于收到母校问候的时候。在离开校园六年后平凡的一天，我收到了一份意外的惊喜，那是一封精美的银杏叶图案的信封，里面有一封母校的来信、一张精美的校友卡，那浅浅的信封里，装的分明是母校对学子家书般的款款深情。母校之于学子，母校存在于一次次遇到校友的时候。怀揣着对母校共同的思念和美好的回忆，校友们相遇的时候，大家便成了同为桑梓的朋友，而校友们无不在用自己的知识和言行举止，用心诠释着云南大学"自尊、致知、正义、力行"的精神内核。我们来时，母校张开怀抱迎接；我们走时，母校依依不舍送别。我们身处不同的时代，经历不同的人生，我们来自五湖四海，但从此我们有了一个共同的名字：云大学子。

百年校史，浩浩汤汤。云南大学在时代的大潮下涤荡、成长，走出了陈景、戴永年、孙汉董等熠熠生辉的无双国士，为祖国培养了一批批满怀理想信念、满腔报国热忱的高素质人才。一代代云大学子在不同的时空，走过相同的银杏大道；在不同的领域，怀揣同样的报国理想。薪火相传，一代代云大学子继往开来，在各行各业闪闪发光，以实际行动为母校增光添彩。百年云大，桃李天下。值此母校百年华诞之际，衷心感谢母校的培养之厚恩，关怀之深情，也由衷祝愿母校继续积历史之厚蕴，更展宏图，再谱华章！

不忘师恩

郭胜溶[1]

一、缘·遇——传道

在这里，
沿着东陆文脉的滇南之地，
使我无限憧憬。
银杏洒满校园，
我用诗卷将你收起。

书海茫茫的"天域"，
是您将我带入这殿堂。
沐浴、洗礼，
像圣徒捧起古兰，
在我心中埋下信仰。

年轮的画笔，
留下岁月的痕迹。
焚膏继晷的烛台，
忘了黑夜与黎明。
那细挚的笔语，
趁着光，
组配着求索的新希。

---

[1] 作者简介：郭胜溶，云南大学历史与档案学院 2014 级图书情报硕士研究生，现就职于中国消防救援学院。

黄了又绿，
是那吐蕊的花瓣与挺拔的松榆。
谆谆教诲予我知行，
孜孜不倦历我学性。
却忘了，却忘了，
窗外的秋冬瑞景，春夏蝶映。

会泽着思想的图景，
至公于学术的流弊。
却永远没有埋弃，
却永远都在躬行。

师者，传道。
道引，吾心。
心以力而行，
道自源而近。

求之，予予。
授之，济济。

二、追·梦——憧希

梦在哪里？
一盏照亮前方的灯，
一条迷途出现的路。
一张通知书，
抑或一支画笔。

线条勾勒出图景，
字符组结出言语。

奔跑路上的叮咛，
那一定是梦的鼓励。

我用思想的加速器，
追寻着贤哲的足迹。
您用学理的发动机，
助我乘风，翱翔万里。

一本本书籍，
砌筑出攀登梦想的阶梯。
一页页笔记，
编纂着现实与未来的希冀。
还记得，还记得，
漫道金黄的银杏，绿衫罗屏。

探集于百家的论理，
遍寻求天下的规析。
却从来没有固封，
却从来都在奋笔。

智者，不惑。
惑解，吾幸。
幸得乃知予。
惑明是功勤。

博之，众众。
惠之，倾倾。

三、感·恩——终铭

笑着哭醒，

一叠叠的记忆。
感动之音，
是心与心的撞击。
来过、相遇，
是缘分的确幸。

笔触纸间的欲动，
细数岁月的呼吸。
泛黄、薄尘，
却也荡去年轮，
唤回永不忘却的思绪。

邂逅一场盛宴，
伴随青春的旋律。
当信仰成为习惯，
破过封埋的壁层。
仰望的天空，
是梦，
呈给我绚丽的画卷。

春风拂面，
过由之音似物以润细。
化雨展言，
明辨之理喻形以无声。
不能忘、不能忘，
蒙启学术的趣兴，绽蕊逐新。

朝乾以求致知之学。
夕惕得辩格物之言。
却始终不能忘怀。

却始终铭记心台。

仁者，不忧。
忧除，吾行。
行求见之远。
悠剔正深林。

探之，思思。
记之，深深。